Peyton Curley 지음

'The Social Emotional Teacher'라는 블로그를 운영하며 아이들 교육에 열정을 지닌 초등학교 교사이다. 블로그를 통해 아이들의 사회·정서적 학습에 관한 방대한 자료와 정보를 공개하고, 이를 교육에 활용하는 방법을 함께 고민하며 소통하고 있다. 학교에서 아이들을 가르치면서 사회·정서적 학습의 힘을 직접 경험했으며, 이를 바탕으로 아이들의 사회·정서적 역량을 키우는 데 온 힘을 기울이고 있다.

안찬성 옮김

경북대학교 대학원에서 교육사회 및 행정 전공으로 교육학 박사학위를 취득하였으며, 다년간 경북대학교에서 교육사회학을 강의하였다. 현재 인천학익초등학교 교사로 재직 중이며 한국교육사회학회 임원으로 활동하고 있다. 주요 관심 분야는 교육과 마음의 행복, 교사의 도덕적 역할, 학습을 위한 사회·정서적 역량 등이다. 또한, 교육의 방향과 교수법을 끊임없이 고민하며 교육에 관한 다수의 논문을 쓰고 번역서를 펴내고 있다.

논문으로는 「지루(Giroux)의 학교 교육 위기론과 그 교육적 대안」(박사학위 논문), 「지루의 학교 교육 기업화에 대한 비판적 논의와 그 한계」, 「지루의 가능성 교육과 그 한계」 등이 있으며 번역서로는 『비판적 교육학자로서 헨리 지루 읽기』, 『학교폭력의 연속체』, 『훌륭한 선생님은 스트레스를 날린다』, 『행복한 선생님의 습관』, 『학교에서의 침묵의 긍정성』, 『완벽한 교사라는 미신 깨뜨리기』, 『학생들의 성공적 삶과 사회정서 학습』 등이 있다.

스스로 재미있게 할 수 있는 창의적인 활동과 연습

GROWTH MINDSET
성장형 사고방식 코칭 워크북

Copyright © 2020 Rockridge Press, Emeryville, California

First Published in English by Rockridge, an imprint of Callisto Media, Inc.

이 책의 한국어판 저작권은 (주)엔터스코리아를 통한 저작권사와의 독점 계약으로 도서출판 밥북이 소유합니다. 저작권법에 의하여 한국 내에서 보호를 받는 저작물이므로 무단전재와 무단복제를 금합니다.

스스로 재미있게 할 수 있는 창의적인 활동과 연습

GROWTH MINDSET
성장형 사고방식 코칭 워크북

발행일 2022년 9월 26일

지은이 Peyton Curley
옮긴이 안찬성
펴낸이 주계수 | **편집책임** 이슬기 | **꾸민이** 이화선

펴낸곳 밥북 | **출판등록** 제 2014-000085 호
주소 서울시 마포구 양화로7길 47 상훈빌딩 2층
전화 02-6925-0370 | **팩스** 02-6925-0380
홈페이지 www.bobbook.co.kr | **이메일** bobbook@hanmail.net

© Peyton Curley, 안찬성 2022.
ISBN 979-11-5858-890-8 (73800)

※ 이 책은 저작권법에 따라 보호받는 저작물이므로 무단전재와 복제를 금합니다.

스스로 재미있게 할 수 있는 창의적인 활동과 연습

GROWTH MINDSET

성장형 사고방식 코칭 워크북

Peyton Curley 지음
안찬성 옮김

✉️ 아이들을 기르고 가르치는 어른들께

아이들의 사회·정서적 발달을 꾀하는 데 도움이 될 이 책에 관심을 주셔서 감사합니다.

초등학교 교사로서 저는 성장형 사고방식이 아이들에게 삶의 힘을 키워 준다는 것을 직접 경험했습니다. 이를테면 실수를 두려워하고 주어진 일을 회피하던 아이들이 성장형 사고방식을 배우고 익히면서부터 자신감과 의욕을 회복하고 높은 학업성취를 이루었습니다.

아이들은 자랄 때부터 올바른 지침을 통해 열린 사고를 하도록 안내하지 않는다면 영영 고착형 사고방식에 갇힐 수도 있습니다. 고착형 사고방식은 각자가 지닌 지능과 재능을 고정하여 아이들의 잠재력을 제한하거나 억누르는 결과를 초래합니다.

이와 달리 성장형 사고방식은 학습과 노력을 통해 각자의 지능과 재능을 성장하도록 돕습니다. 다시 말해 성장형 사고방식은 아이들에게 삶의 힘, 즉 도전과 극복, 목표 달성, 창의적 생각, 문제 해결 등등의 능력을 키워 줍니다. 이뿐만 아니라 성장형 사고방식은 아이들의 자존감과 탐구심을 높여 주기도 합니다.

이 책은 아이들이 성장형 사고방식과 고착형 사고방식의 차이를 이해하도록 돕습니다. 아이들은 성장형 사고방식은 왜 필요하고 어떻게 키우는지를 배울 것입니다. 또 실수에서 얻는 교훈, 다양한 접근 방법을 통한 문제 해결, 효과적인 피드백, 목표 설정, 긍정적인 사고 같은 개념도 배웁니다. 물론 아이들이 고착형 사고방식을 버리고 성장형 사고방식을 갖는 것은 쉬운 일이 아닙니다. 아이들은 성장형 사고방식을 갖기 위해 여러 가지 도전을 감수하거나 시행착오를 거듭할지도 모릅니다.

가정이나 학교에서 다음에 알려주는 몇 가지를 실천하는 것만으로도 아이들 성장을 돕고 힘이 될 수 있습니다.

- 아이들 앞에서 성장형 사고방식이 내포된 언어를 사용하세요. 예컨대 자녀에게 "나는 할 수 없어"라고 말하는 대신에 "나는 개선을 위해 노력 중이야"라고 말하세요.
- 아이들에게 실수를 배움의 기회로 삼을 수 있다는 것을 보여 주세요. 자신이 실수한 경험을 아이들과 공유하고 이러한 실수로부터 무엇을 배울 수 있는지, 이야기를 나누어 보세요.
- 아이들 스스로 자신의 정서를 조절할 수 있도록 도와주세요. 아이들은 누구나 새로운 것을 시도하거나 실수할 때 정서적으로 불안해지기 마련입니다. 정서적 불안을 조절하는 방법으로 심호흡하기, 열까지 센 다음에 거꾸로 세기, 산책하기, 물 한 잔 마시기 등이 있다는 걸 알려주세요.
- 아이들이 창의적으로 생각하고 문제를 해결할 때 진심으로 칭찬해 주세요.
- 아이들의 일시적인 성취보다는 지속적인 성장에 초점을 두세요.
- 아이들의 호기심을 자극하세요.
- 성장형 사고방식을 규명한 뇌 과학에 관심을 두고, 아이들에게 사람의 뇌는 성장하고 변화한다는 점을 상기시키세요.

아무쪼록 아이들이 성장형 사고방식을 키울 수 있도록 많은 지원과 격려를 부탁드립니다. 여러분의 관심과 응원이 아이들을 성장의 길로 이끌 것입니다.

 어린이들에게

'아마도 나는 수학자가 될 수 없을 거야.'
'다른 아이들은 그림을 잘 그리는데 나는 왜 이렇게 그림을 못 그릴까?'

이렇게 생각해 본 적이 있나요? 만약에 내가 "너는 생각하는 방식을 바꾸는 것만으로도 수학자가 될 수 있어. 물론 그림도 잘 그릴 수 있어"라고 말한다면, 이 말을 믿을 수 있나요? 내 말을 믿는다면 이미 성장형 사고방식에 한발 다가선 것과 같아요.

성장형 사고방식은 '스스로 어떤 일을 잘할 수 있다고 생각하면 실제로 그 일을 잘하게 된다'는 믿음이에요. 달리 말하면 여러분이 힘든 일과 맞닥뜨리더라도 포기하기보다는 그 일을 충분히 극복할 수 있다고 생각하는 마음이에요. 이런 마음의 성장형 사고방식은 무한한 가능성을 지니고 있어요.

여러분은 이 책을 통해 성장형 사고방식이 무엇인지, 성장형 사고방식이 왜 중요한지, 성장형 사고방식을 키워갈 때 여러분의 학습력은 어떻게 변화되는지 등을 배울 수 있어요. 특히 이 책에는 여러분의 성장형 사고방식을 키우는 데 도움이 되는 여러 가지 재미난 활동들이 포함되어 있어요. 이러한 활동들은 오직 어린이 여러분을 위해 마련되었어요. 여러분은 책에 나오는 활동들을 순서대로 따라 하며 쉽게 배울 수 있어요. 물론 순서가 바뀌어도 괜찮아요.

성장형 사고방식은 힘든 일을 겪을 때 여러분에게 용기와 자신감이 생기게 해요. 어떤 누구도 성장형 사고방식의 길로 나아가는 여러분을 막을 수는 없어요.

다음 말을 힘차게 따라 해 보고 성장형 사고방식을 기르기로 약속해요!

"나는 성장형 사고방식의 길을 꼭 갈 거야. 나는 놀라운 일을 할 수 있어."

| 옮긴이의 글 |

마음먹으면 이루지 못할 일이 없어요

여러분에게 문제 하나를 낼 거예요. 아래의 다섯 가지 문장을 대표하는 낱말은 무엇일까요?

- 희망을 가져다준다.
- 무한한 힘을 지니고 있다.
- 비용이 들지 않는다.
- 모두가 사용할 수 있다.
- 할 수 있다는 믿음과 용기를 가져다준다.

이 책의 제목에 나와 있듯이, 이 다섯 가지를 대표하는 낱말은 '성장형 사고방식'이에요. 지금 여러분 중에는 '성장형 사고방식'이라는 말을 처음 들어서 고개를 갸웃거리는 사람도 있을 거예요. 하지만 괜찮아요. 이 책을 읽고 있는 여러분 모두는 이미 '성장형 사고방식'을 알아가는 배움길에 들어섰으니까요.

성장형 사고방식은 '마음먹으면 이루지 못할 일이 없다'는 믿음이에요. 이런 믿음의 성장형 사고방식을 지닌 사람은 "난 할 수가 없어"라는 말 대신에 "포기하지 않을 거야, 난 충분히 해낼 수 있어"라는 말을 즐겨 해요.

여러분은 어떤가요? 잠시 눈을 감고 자신에게 '나는 할 수 있다는 말을 자주 했을까?'라고 물어보세요. 여러분의 마음속에서 '예'라는 긍정의 대답이 들리는지 귀 기울여 보세요.

혹시 여러분의 마음속에서 '아니오'라는 부정의 대답이 들렸나요? 그렇다고 해도 걱정하진 마세요. 이 책이 마음속에서 긍정의 대답이 잘 들리도록 여러분을 성장형 사고방식으로 이끌어 줄 테니까요.

이 책은 여러분의 사고방식을 성장형으로 키우기 위해 다음과 같은 내용으로 이루어져 있어요.

<성장형 사고방식을 키우는 데 필요한 핵심 내용 6가지>
① 성장형 사고방식의 의미　② 실수가 지닌 긍정의 힘　③ 문제 해결자 되기
④ 노력과 창의성　　　　　　⑤ 목표 정하기　　　　　　⑥ 멈추지 않고 계속 나아가기

여러분이 이 책에 나오는 내용과 활동을 배우고 익혀서 다음과 같이 말하는 사람이 되기를 바랄게요.

"나는 이제 예전의 내가 아니야. 어렵고 힘든 일을 해내는 자신감과 용기가 생겼어. 나의 성장을 위해 앞으로도 성장형 사고방식을 계속 키워갈 거야. 지금의 내가 너무 자랑스러워!"

마지막으로 이 책의 번역 실수는 전적으로 옮긴 이인 나의 책임임을 밝혀 둘게요.

2022년 08월

안찬성

목차

4 　작가의 말_ 아이들을 기르고 가르치는 어른들께 / 어린이들에게
8 　옮긴이의 글_ 마음먹으면 이루지 못할 일이 없어요

CHAPTER 1
성장형 사고방식이란 무엇일까?

17 　고착형 사고방식이란?
18 　성장형 사고방식이란?
19 　나의 사고방식은 성장형일까, 고착형일까?
22 　어떻게 하면 성장형 사고방식을 키울 수 있을까?
24 　성장형 사고방식을 나타내는 문장 고르기
26 　사람의 뇌는 변화하고 성장한다!
28 　칭찬과 격려로 성장하는 뇌
30 　성장형 사고방식을 키워가는 아이들

CHAPTER 2
실수는 또 다른 기회야!

37 　실수했을 때 어떻게 하면 좋을까?
39 　실수했을 때 생기는 감정 다루기
40 　실수했을 때 "아, 맞다" 했던 마음 표현하기
41 　눈을 감고 그림 그리기
43 　실수한 게 다행일 수도 있어!
46 　큰 실수일까? 나에게만 영향을 끼치는 실수일까?
48 　왜 그런 실수를 저질렀을까?
49 　책임감 받아들이기
51 　실수는 굉장한 배움의 기회

- 54 실수를 저지른 친구에게 조언하기
- 55 실수 개선하기
- 56 실수했을 때의 행동 요령
- 57 실수는 멋진 결과를 낳을 수 있어!
- 59 만약 내가 단 한 번도 실수한 적이 없다면 어떨까?
- 60 유명한 사람이 남긴 말에 숨은 뜻 찾기
- 62 내 친구 실수야, 고마워!
- 64 좌절감을 느껴도 괜찮아!
- 67 나 자신에게 긍정적으로 단호히 말하기
- 68 기분 전환하기

CHAPTER 3
훌륭한 문제 해결자

- 73 수학 문제 풀이보다 더 크고 깊은 문제 해결
- 76 문제 해결을 위한 계획 세우기
- 78 해결책은 여러 개일 수 있어!
- 80 해결해야 할 문제를 지닌 친구에게 조언하기
- 82 평가와 충고(피드백) 받아들이기
- 84 평가와 충고에 어떻게 다르게 반응할까?
- 86 생각하기 → 다시 말하기 → 감사하기 → 결정하기
- 88 노력은 성장의 어머니
- 90 잘못한 일보다 잘한 일을 먼저 떠올릴 거야!
- 91 미로 찾기를 통해 길을 찾아가요!
- 93 도전을 사랑하는 마음 키우기
- 95 해결하고 싶은 도전적 과제는 무엇일까?
- 97 존경하는 인물 떠올리기
- 99 싫어하는 것과 정면으로 맞서기
- 101 '아직은'이라는 말이 지닌 엄청난 힘
- 103 아직은 할 수 없으나 앞으로 할 수 있는 일로 만들 거야!

CHAPTER 4
노력하며 키우는 창의성

- 107 창의성을 기르려면 어떻게 해야 할까?
- 111 미완성 그림 완성하기
- 112 물건의 쓰임새를 새롭게 하기
- 114 생활 속의 문제를 기발한 방법으로 해결하기
- 116 반복해서 연습하는 건 참 중요한 일이야!
- 118 똑같은 그림을 반복해서 그리기
- 119 연습을 소홀히 하는 친구에게 조언하기
- 121 어떤 일을 잘하기 위해선 계획을 단계별로 세워야 해!
- 123 계획을 세우기 전에 무엇을 생각해야 할까?
- 125 단계별로 계획 세우기
- 128 순간의 모면이 아닌 완전한 해결책 찾기
- 130 마음만 먹으면 뭐든 할 수 있어!
- 132 성공의 힘을 키우는 긍정의 말하기
- 134 어려운 상황에서도 포기하지 않기!

CHAPTER 5
목표를 정하라!

- 139 왜 목표를 정해야 할까?
- 141 아무도 목표를 정하지 않고 산다면 어떨까?
- 142 목표 수레바퀴 채우기
- 143 목표를 달성한 나의 모습은 얼마나 멋질까?
- 144 시각화 연습하기
- 145 목표에 도달한 나의 모습 그리기
- 146 목표 달성을 위한 사전 질문과 단계 밟기
- 148 목표에 도달하는 발자국 완성하기
- 150 순서가 거꾸로 된 이정표 세우기

151 목표 달성은 끝이 아니라 또 다른 시작
153 거울에 비친 나를 칭찬하기
154 달성한 목표보다 더 큰 목표 정하기

CHAPTER 6
멈추지 말고 계속 나아가기!

159 난 할 수 있어!
161 자기 자신에게 격려의 편지 쓰기
162 왜 나는 멋진 아이일까?
163 긍정적인 생각 키우기
166 스트레칭을 하면서 긍정적인 혼잣말 하기
168 나만의 좌우명 정하기
169 질문과 도움 요청은 부끄럽거나 두렵지 않아!
172 누가 나를 도와줄 수 있을까?
174 내가 꼭 알고 싶은 것은 무엇일까?
175 성장의 기초, 호기심 불러일으키기
177 내가 꼭 하고 싶은 일은 무엇일까?
178 스스로 문제를 찾고 답해보기
180 정말로 내 사고방식은 성장형으로 변했을까?
184 내가 너무 자랑스러워!

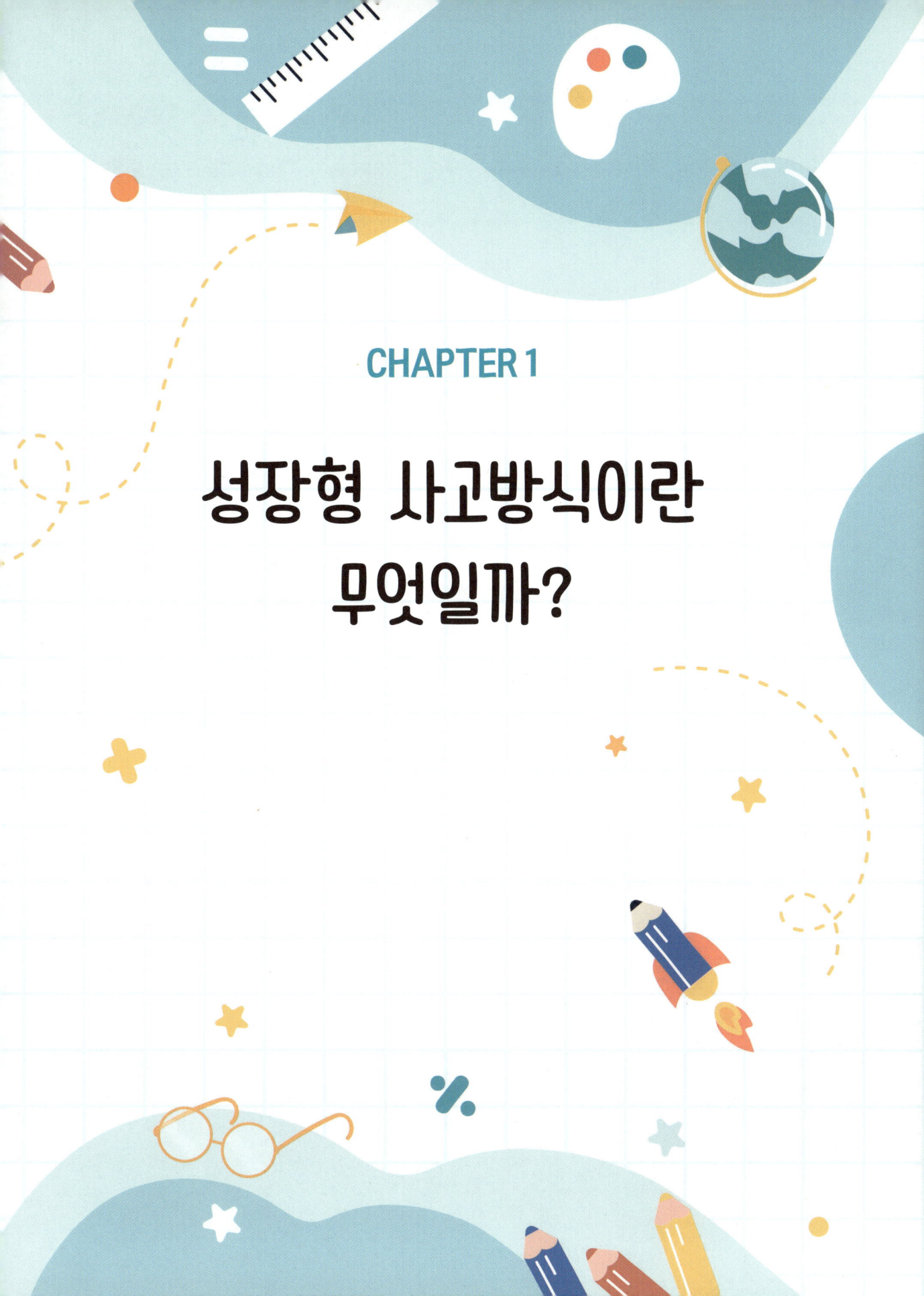

CHAPTER 1

성장형 사고방식이란 무엇일까?

사람의 뇌는 몸의 근육과 매우 비슷하답니다. 근육을 사용하면 할수록 근육이 튼튼해지는 것처럼 뇌도 마찬가지예요. 여러분은 실제로 다양한 활동을 통해 자신의 뇌를 발달시킬 수 있어요. 뇌를 사용하고 발달시키는 건 성장형 사고방식의 핵심이에요. 여러분이 성장형 사고방식을 키워갈 때 뇌도 성장하고 변화하는 거예요.

성장형 사고방식은 다양한 노력을 통해 자신의 능력을 향상할 수 있다는 믿음이기도 해요. 성장형 사고방식을 지닌 사람들은 배우고 성장하는 데 지속해서 노력하기 때문에 성공적이고 만족스러운 삶을 살아갈 가능성이 커요. 반면에 고착형 사고방식의 사람들은 노력을 통해 잘할 수 있다는 믿음이 약해서 잘하고자 하는 의욕을 잃고 쉽게 포기하는 경우가 많아요.

이번 장에서 여러분은 성장형 사고방식에 관한 많은 것들을 배울 거예요. 특히 성장형 사고방식이 여러분의 삶에서 얼마나 놀랍고 멋진 일을 일어나게 하는지 알 수 있어요.

고착형 사고방식이란?

> "작년에 나는 영재반에 들어가지 못했어. 아마 올해도 들어가지 못할 거야."
> "나는 수학 시험에서 높은 점수를 받지 못했어. 앞으로도 마찬가지일 거야."
> "나는 원래부터 그림을 잘 못 그리는데 미술 수업은 나에게 필요 없어."

이렇게 말하는 어린이라면 모두 고착형 사고방식을 가졌다고 할 수 있어요. 이런 아이들은 자신의 재능을 고착된 것으로 여기기 때문에 이를 개선할 수 없다고 믿어요. 즉, 자신의 노력으로 자신에게 닥친 어려운 일을 극복할 수 있다고 믿지 않는 거예요.

고착형 사고방식을 가진 사람들은 자신에게 주어진 일이 힘들다고 생각되면 그 일을 쉽게 포기하곤 해요. 또 고착형 사고방식은 새로운 일을 하려는 시도를 방해하고 잘하고자 하는 의지마저도 꺾어 버려요.

혹시라도 여러분이 고착형 사고방식을 가졌다고 느낀다면 이 책에 주목하세요. 이 책에 포함된 다양한 활동은 여러분이 고착형 사고방식을 버리고 성장형 사고방식을 가질 수 있도록 도와줄 테니까요.

성장형 사고방식이란?

> "작년에 나는 영재반에 들어가지 못했어. 하지만 올해 꼭 들어가려고 노력 중이야."
>
> "나는 수학 시험에서 점수가 낮았어. 하지만 선생님이 알려주신 대로 꾸준히 공부한다면, 다음 시험에서 높은 점수를 받을 자신이 있어."
>
> "나는 그림을 잘 못 그리지만 미술 수업을 통해 점점 나아지고 있어."

이렇게 말하는 어린이들은 모두 성장형 사고방식을 가졌다고 할 수 있어요. 이런 아이들은 노력을 통해 자신의 재능을 개선할 수 있다고 믿어요. 당연히 힘든 일이나 어려운 도전이 닥치더라도 쉽게 좌절하지 않아요.

성장형 사고방식을 가진 사람들은 실패를 두려워하지 않기 때문에 새로운 일을 시도하는 데 망설이지 않아요. 이런 성장형 사고방식은 여러분에게 더 나은 삶의 기회를 가져다줄 게 분명해요. 물론 성장형 사고방식이 모든 일을 쉽게 해결해 주는 만병통치약은 아니에요. 하지만 성장형 사고방식은 주어진 일에 최선을 다하도록 여러분에게 큰 용기를 건네주죠.

나의 사고방식은 성장형일까, 고착형일까?

성장형 사고방식을 키우는 첫걸음은 지금 나의 사고방식이 성장형에 가까운지, 아니면 고착형에 가까운지를 이해하는 거예요.

그럼 다음 표의 질문지에 표시하고 나의 사고방식이 성장형에 가까운지 아닌지를 알아보기로 해요. 질문지에는 각각의 상황에 두 가지 응답('가'와 '나')이 있어요. '가'와 '나' 중 나에게 해당하는 응답 하나를 선택하면 나의 사고방식을 알 수 있어요.

성장형 사고방식을 키우기 위해서는 자신에게 솔직해져야 해요.

나에게 주어진 상황	응답 '가' (이렇게 말할 것 같아)	응답 '나' (이렇게 말할 것 같아)
낱말 시험에서 낮은 점수를 받았을 때	나는 낱말의 뜻을 기억하는 데 소질이 없는 것 같아.	내가 낱말 공부를 좀 더 열심히 한다면, 다음 시험에서 높은 점수를 받을 수 있을 거야.
영재반에 들어가지 못했을 때	영재반에 들어가기엔 내 능력이 부족한 것 같아.	나는 좀 더 노력해서 내년에 꼭 영재반에 들어갈 거야.
수업 시간에 떠들어서 꾸중을 들었을 때	나는 참을성이 부족해서 수업 시간에 항상 꾸중을 들을 것 같아.	내가 자제력을 키우면 수업 시간에 조용히 할 수 있을 것 같아.
연극 발표회에서 큰 실수를 했을 때	나는 정말 연극에 소질이 없나 봐.	나는 연극 선생님께 어떻게 하면 실수를 줄일 수 있는지 여쭈어볼 거야.

화를 내고 친구의 감정을 상하게 했을 때	화를 낸 건 내 잘못이 아니야. 어쩔 수 없었어.	친구에게 사과할 거야. 다음부터 화가 날 땐 심호흡을 하면서 마음을 진정시킬 거야.
필통을 집에 두고 학교에 왔을 때	나는 기억력이 좋지 않아서 뭐든지 잘 잊어버려.	앞으로 나는 잠자기 전에 필통을 가방에 넣어 놓을 거야.
야구 경기에서 삼진 아웃을 당했을 때	나는 정말 야구에 소질이 없나 봐. 공을 치는 게 두려워.	내가 방심했어. 다음 차례가 오면 좀 더 집중해서 공을 칠 거야.
수학 시험에서 낮은 점수를 받았을 때	나는 수학에 재능이 없는 것 같아.	높은 점수를 받을 수 있도록 방과 후 수업을 신청할 거야.
과제를 대충해서 낮은 점수를 받았을 때	내가 요즈음 바빠서 과제에 신경을 쓸 수 없단 말이야. 다음에도 낮은 점수를 받을 것 같아.	앞으로 나는 과제를 해결하는 데 정성을 기울일 거야. 꾸준히 노력하면 좋은 결과가 있을 거야.
피아노 연주회에서 연주를 망쳤을 때	처음부터 이 곡은 나에게 무리였어. 아무리 연습해도 결과는 마찬가지일 거야.	다음에 있을 연주회에서 좋은 결과를 얻기 위해 어려운 부분을 집중적으로 연습할 거야.

자 이제 점수를 모두 더해볼까요? 응답 점수는 각 1점씩입니다.

▶ **응답 '가'를 몇 개 선택했나요? 선택한 개수가 나의 고착형 사고방식 점수예요.**
(/ 10)

▶ **응답 '나'를 몇 개 선택했나요? 선택한 개수가 나의 성장형 사고방식 점수예요.**
(/ 10)

응답 '가'보다 응답 '나'를 더 많이 선택했다면, 나의 사고방식은 성장형에 가까워요. 응답 '나'보다 응답 '가'를 더 많이 선택했다면, 나의 사고방식은 고착형에 가까워요.

응답 '나'의 말들을 잘 살펴보세요. 응답 '나'에는 주어진 부정적 상황에 좌절하지 않고 이를 개선하려는 긍정적 의지가 담겨 있어요. 바로 이러한 긍정적 의지가 성장형 사고방식의 핵심이에요. 이 책에 포함된 여러 가지 활동은 여러분이 이런 성장형 사고방식을 키우도록 도움을 줄 거예요.

이번엔 응답 '가'의 말들을 잘 살펴보세요. 응답 '가'에는 주어진 나쁜 상황에 좌절하고 자기 자신을 비난하는 부정적 의지가 강해요. 바로 이러한 부정적 의지가 고착형 사고방식의 핵심이에요. 당연히 고착형 사고방식은 학습과 성장을 방해하죠.

지금 여러분의 사고방식이 고착형에 가깝다고 하더라도 걱정하진 마세요. 이 책을 읽고 있는 여러분은 이미 성장형 사고방식이라는 목표를 향해 한 걸음 내디딘 거니까요. 고착형 사고방식을 버리겠다는 의지만 품는다면 성장형 사고방식은 얼마든지 키울 수 있어요.

어떻게 하면 성장형 사고방식을 키울 수 있을까?

여러분 중에 성장형 사고방식만을 가진 사람은 없어요. 물론 고착형 사고방식만을 가진 사람도 없어요. 사람들 대부분은 성장형 사고방식과 고착형 사고방식, 둘 다 조금씩 가지고 있어요. 중요한 것은 노력을 통해 성장형 사고방식을 지금보다 더 크게 키울 수 있다는 점이에요. 이 책에서 알려주는 여러 가지 방법과 활동을 실천한다면 여러분의 성장형 사고방식은 더욱더 크게 자랄 거예요.

이제 성장형 사고방식을 키울 준비가 되었다면 다음 몇 가지를 실천해 보세요.

- 어려운 일이 생길 때마다 마음을 다잡고 새로운 방안을 떠올리기
- 어려운 일은 '배우고 성장할 기회'를 가져다준다고 생각하기
- "실패했어"라고 말하지 말고 "좀 더 배우고 노력해야 해"라고 말하기
- 앞으로 개선할 일만 생각하지 말고 지금까지 잘해 온 일도 생각하기
- 열심히 노력한 자기 자신을 칭찬하기
- 도움이 필요할 때 기꺼이 도움을 요청하기
- 실수했을 때 그 실수가 주는 교훈을 생각하기

진심으로 성장형 사고방식을 키우고 싶다면 스스로 자신을 격려할 수 있어야 해요. 자기 자신에게 어떤 식으로 말하는지는 내 생각과 행동에 큰 영향을 끼친답니다. 힘든 일로 좌절감을 느낄 때, "난 할 수 없어" 또는 "포기하는 게 좋을 것 같아"라고 말한다면 좌절감은 더욱더 커질 수밖에 없어요. 그럴 땐 자신에게 아래와 같이 말해 보세요.

- 아직 내 목표를 달성하지 못했지만 난 지금 열심히 노력하고 있어.
- 내가 노력하면 어떤 어려운 일도 해낼 수 있어.
- 실수는 나에게 큰 교훈을 준단 말이야.
- 리코더 연습을 할 때마다 내 연주 실력이 올라가.
- 나는 올바른 길을 가고 있어.
- 어려운 과제는 나의 뇌를 발달시킨단 말이야.
- 난 포기하지 않아.
- 문제를 해결하기 위해 이것저것 생각해 볼 거야.
- 노력하고 있는 나 자신이 자랑스러워.

성장형 사고방식을 나타내는 문장 고르기

다음 표에서 보여 주는 10가지의 말은 어디에 해당할까요?

각각의 말이 성장형 사고방식과 고착형 사고방식 중 어디에 해당하는지를 생각해 보고, '성장형'과 '고착형' 중 하나를 선택하여 동그라미를 치세요.

아직 작품을 완성하진 못했으나 좀 더 노력하면 완성할 수 있어	성장형	고착형
도저히 할 수가 없어	성장형	고착형
원래부터 그림을 잘 그리지 못했어	성장형	고착형
계속 노력할 거야	성장형	고착형
어려운 일이지만 포기하지 않을 거야	성장형	고착형
앞으로도 계속 실수할 것 같아	성장형	고착형
기꺼이 도움을 요청할 거야	성장형	고착형
좋은 일보다 나쁜 일이 더 많아	성장형	고착형
노력하면 잘할 수 있을 거야	성장형	고착형
나를 좋아하는 사람은 아무도 없어	성장형	고착형

▶ 올바른 답을 확인해 보세요.

아직 작품을 완성하진 못했으나 좀 더 노력하면 완성할 수 있어	성장형	
도저히 할 수가 없어		고착형
원래부터 그림을 잘 그리지 못했어		고착형
계속 노력할 거야	성장형	
어려운 일이지만 포기하지 않을 거야	성장형	
앞으로도 계속 실수할 것 같아		고착형
기꺼이 도움을 요청할 거야	성장형	
좋은 일보다 나쁜 일이 더 많아		고착형
노력하면 잘할 수 있을 거야	성장형	
나를 좋아하는 사람은 아무도 없어		고착형

앞에서 알려준 내용을 잘 배웠으니 여러분 모두 답을 맞혔을 거라고 생각해요. 혹시나 틀린 곳이 있다면 그곳을 다시 한 번 읽고 왜? 인지 곰곰이 생각해 보면 이해가 될 거예요.

이제 여러분은 성장형과 고착형 사고방식이 어떻게 다른지, 확실히 구별할 정도가 되었어요. 성장형에 집중하고 관심을 기울일수록 여러분의 사고가 성장형으로 크게 자란다는 사실 잊지 마세요.

사람의 뇌는 변화하고 성장한다!

사람의 뇌는 믿을 수 없을 정도로 많은 것을 할 수 있어요. 그리고 여러분이 새로운 무언가를 배우고 익힐 때마다 여러분의 뇌는 변화하고 성장해요.

사람의 뇌는 뉴런이라고 불리는 작은 세포로 이루어져 있어요. 여러분이 생각하고 느끼고 행동할 수 있는 것은 바로 이 뉴런 덕분이에요.

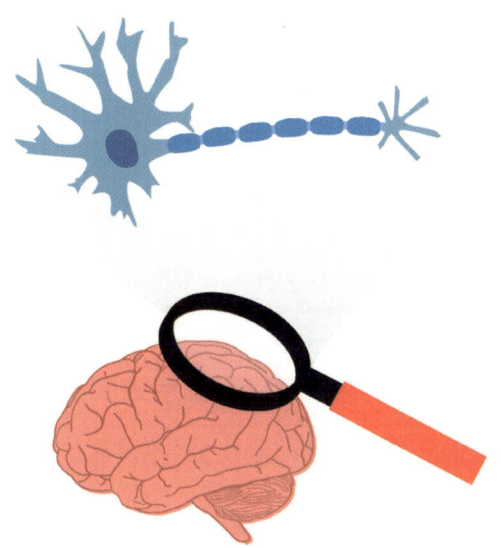

여러분이 어떤 일을 이루기 위해 애쓸 때, 뇌의 뉴런 역시 애를 쓰고 있어요. 또 여러분이 어떤 일로 힘들 때 주변 친구나 가족에게 도움을 요청하는 것처럼, 뉴런도 힘들 때 주변의 다른 뉴런에게 도움을 받아요. 특히 여러분은 새로운 뭔가를 배우고 익힐 때 여러분의 뉴런이 더 성장한다는 사실을 알아야 해요. 어려운 과제를 해결하면 할수록 여러분의 뇌가 더욱더 똑똑해지는 거죠.

여러분의 뇌를 몸의 근육처럼 생각해 보세요. 여러분이 몸의 근육을 계속해서 사용할 때, 무슨 일이 일어나죠? 당연히 몸의 근육이 강해지겠죠! 여러분의 뇌도 마찬가지예요. 뇌를 사용하면 할수록 뇌는 더욱더 발달해요. 여러분이 이 책을 읽고 있는 지금도 여러분의 뇌는 변화하고 있어요.

사람의 뇌가 끊임없이 변화한다는 것은 어떤 일을 할 수 있는 사람의 능력이 고착되지 않고 발전한다는 걸 의미해요. 고착형 사고방식을 지닌 사람은 뇌가 변화하거나 성장한다고 믿지 않기 때문에 새롭게 도전하려고 하지 않아요. 반면에 성장형 사고방식을 지닌 사람은 뇌가 성장한다고 확신하기 때문에 새로운 일에 서슴없이 도전해요. 사실 도전적이고 힘든 경험을 하지 않는다면 사람의 뇌는 발달을 멈추고 고착될 수밖에 없어요.

성장형 사고방식은 '어렵고 힘든 일이 사람의 뇌를 발달시키고, 뇌의 발달은 곧 사람의 능력을 키운다'는 믿음이라고 할 수 있어요. 여러분의 사고방식을 성장형으로 키우고 싶다면, 그리고 여러분의 뇌와 능력을 발달시키고 싶다면, 지금이라도 새로운 일에 도전하고 어려움을 기꺼이 받아들여 보세요.

그럼 크게 외쳐 볼까요?

"난 할 수 있어!"

칭찬과 격려로 성장하는 뇌

사람의 뇌가 변화하고 성장할 수 있는 것은 사실이지만 이러한 변화와 성장이 하루아침에 이루어지는 건 아니에요. 사람의 몸이 자라는 데 시간과 인내심이 필요한 것처럼, 뇌의 변화와 성장에도 시간과 인내심이 필요해요. 그러므로 어떤 일을 한 번 실천한다고 해서 여러분의 뇌가 바로 발달하는 건 아니에요. 어려움을 참고 그 일을 꾸준히 실천할 때 그때부터 뇌가 발달하는 사실을 알아야 해요.

새로운 일이나 힘든 일을 할 때 여러분의 뇌를 칭찬하고 격려하세요. 뇌는 항상 여러분과 함께하면서 칭찬과 격려를 받아야 더 힘을 내고 성장해요. 만약 어려운 수학 문제를 풀고 있을 때 "넌 수학에 재능이 없어서 이 문제를 풀지 못할 거야"라는 말을 듣는다면, 여러분의 기분은 어떨까요?

사람들 대부분은 새로운 일을 할 때 다른 사람의 칭찬과 격려를 받으면 더욱더 힘을 낼 수 있어요. 여러분의 뇌도 마찬가지예요. 친구에게 말을 건네듯이 자신의 뇌에 다정한 말을 건네 보세요. 뇌는 나의 좋은 친구랍니다.

🚩 나의 뇌를 발달시키는 방법

- 뇌를 칭찬하세요. 자신의 뇌를 긍정적으로 생각할수록 사고방식은 성장형으로 크게 자랄 수 있어요.
- 실수하더라도 자신과 뇌를 감싸주세요. 실수는 자신을 성장하게 한답니다.
- 뇌가 하는 모든 일에 감사하세요. 감사하는 마음이 모든 일을 더 잘할 수 있게 해요.
- 언제나 "넌 잘할 수 있어"라고 말하면서 뇌를 격려하세요.

성장형 사고방식을 키워가는 아이들

1. 자신감으로 독서를 잘하게 된 영수

4학년인 영수는 독서를 잘하고 싶어서 열심히 노력했어요. 하지만 영수는 독서 장애를 갖고 있어서 글을 읽고 이해하는 속도가 또래들보다 무척 느렸어요. 영수는 용기를 내어 주변 어른들에게 도움을 요청했어요. 영수는 부모님과 독서 선생님에게 자신의 어려움을 이야기하였고, 독서 선생님의 개인 지도를 일주일에 세 번 받기로 했어요. 영수는 인내심을 갖고 독서 선생님의 가르침대로 꾸준히 노력했어요. 영수는 항상 "할 수 있어!"라는 말을 입에 달고 다녔어요. 학년이 끝날 무렵, 영수는 또래들처럼 독서를 잘할 수 있게 되었어요.

2. 당당한 요구와 노력으로 야구부에 들어간 정숙

야구를 좋아하는 정숙은 학교 야구부에 무척 들어가고 싶었어요. 그런데 유감스럽게도 정숙의 학교 야구부는 선발 테스트에서 여학생을 제외했어요. 정숙은 여학생을 제외하는 건 공평하지 않다고 생각했어요. 여학생도 야구 실력이 좋으면 야구부에 들어갈 수 있어야 한다고 믿었어요. 정숙은 교장 선생님을 찾아뵙고 야구부 선발 테스트에 응시할 수 있도록 요청했어요. 다행히도 교장 선생님은 기회를 주기로 했어요. 희망을 품고 정숙이는 3주 동안 매일 방과 후에 야구 기술을 익혔어요. 정숙은 자신을 놀리는 남학생들에게 휘둘리지 않으려고 연습에만 몰두했어요. 마침내 정숙은 테스트를 통과하고 야구부에 당당히 들어가게 되었어요.

3. 혼자 힘으로 과학전람회 최우수상을 받은 효빈

언제나 과학에 관심이 많았던 효빈은 학교에서 과학전람회가 열린다는 소식을 듣고 과학 작품을 출품하려고 마음먹었어요. 하지만 효빈은 다른 학생들이 작품을 준비하는 과정을 보고 완전히 기가 죽었어요. 심지어 효빈은 '작품을 준비하는 학생들 모두 가족의 지원을 받고 있을 거야. 아마도 난 가족의 지원을 받지 못할 거야. 엄마와 아빠는 직장 일로 바빠서 나를 도와줄 겨를이 없으니까. 과학 작품을 만드는 데 필요한 좋은 재료를 구하지도 못할 거야. 내 힘만으로 작품을 만들 엄두가 나지 않아'라고 생각하기까지 했어요. 다행히도 효빈은 자기 생각이 틀렸다는 것을 깨달았어요. 효빈은 누구의 도움도 받지 않고, 자신이 가진 과학 지식을 최대한 활용해서 작품을 만들기 시작했어요. 마침내 그녀는 과학전람회에 작품을 출품하였고, 최우수상을 받게 되었어요.

4. 선생님과 함께 학교생활의 자신감을 찾은 경수

경수는 자기 또래들이 수업 시간에 집중해서 공부하는 모습을 볼 때마다 부러움을 느꼈어요. 사실 경수는 ADHD(주의력 결핍 및 과잉 행동 장애)를 지닌 학생이었어요. 종종 경수는 담임 선생님에게 "도저히 집중할 수가 없어요. 나는 정말 내 행동을 조절할 수 없나 봐요"라고 말하면서 좌절감에 빠지곤 했어요. 다행히도 담임 선생님은 경수에게 성장형 사고방식에 관한 이야기를 하면서 자신감을 불어넣어 주었어요. 게다가 선생님은 수업 시간에 경수가 집중하지 못하고 산만해질 때마다 경수에게 뇌의 집중 에너지를 재충전하는 데 필요한 휴식 시간을 제공했어요. 또한 선생님은 경수가 휴식을 마치고 수업에 다시 집중하면 큰 소리로 "경수야, 참 잘했어"라고 칭찬해 주었어요. 지금 경수는 수업에 집중하는 시간을 조금씩 늘리면서 학교생활의 자신감을 찾게 되었어요.

5. 포기하지 않은 도전으로 축구부에 들어간 수진

　수진이는 작년에 여자 축구부 선수 선발 테스트에서 탈락하였어요. 수진은 축구부에 들어가지 못한 것에 부끄러움을 느꼈고, 앞으로 축구를 하지 않겠다는 마음을 먹기도 했어요. 다행히도 수진의 아빠는 다음과 같이 말하면서 수진에게 용기를 불어넣어 주었어요. "난 고등학교 1학년 때 농구부에 지원했어. 하지만 보기 좋게 탈락했지. 놀라운 사실은 2학년 때 농구부에 들어갔고 지역 농구대회에서 득점왕이 되었다는 거야. 분명히 너도 나처럼 할 수 있어. 올해 축구부에 들어가지 못했으면 내년에 들어가면 되는 거야. 쉽게 포기할 필요는 없어. 오뚝이처럼 다시 일어서 보자!" 수진은 아빠 말에 용기를 얻고 코치에게 조언을 구했어요.
　수진이는 코치의 조언대로 1년 동안 열심히 축구 연습을 했고, 마침내 축구부에 들어가게 되었어요. 게다가 수진은 첫 경기에서 무려 2골을 넣었어요.

　지금까지 성장형 사고방식에 관해 많은 것을 배웠어요. 지금 여러분은 알게 모르게 성장형 사고방식을 향해 한 걸음 한 걸음 다가서고 있어요. 좀 더 힘을 내세요.

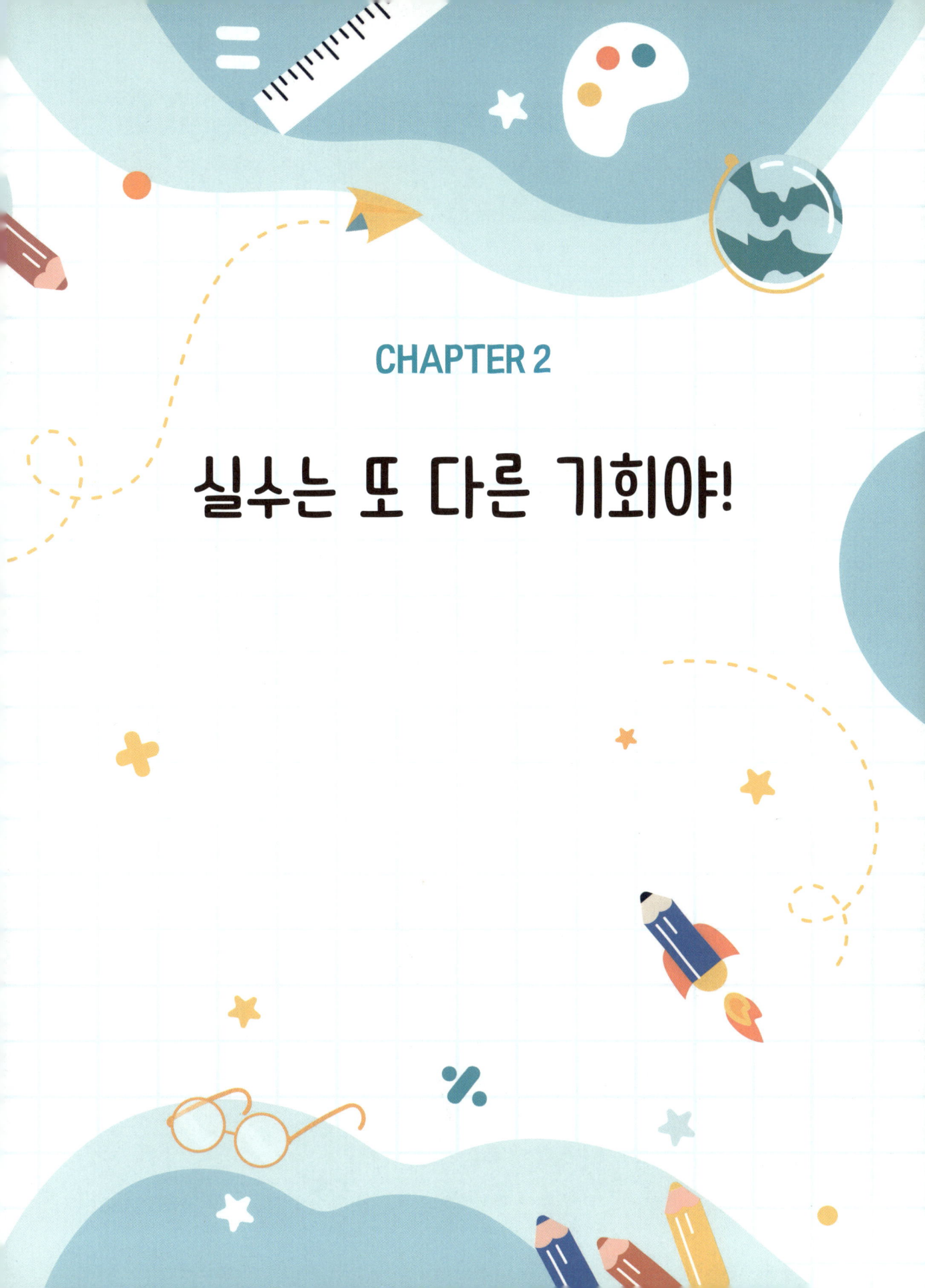

CHAPTER 2

실수는 또 다른 기회야!

여러분은 '실수'라는 말을 들으면 어떤 생각이 드나요? '실수는 좋은 것이 아니야', '실수는 사람을 부끄럽게 만들어', '실수는 곧 실패를 의미해' 등과 같은 생각이 떠오르나요?

실수는 여러분의 기분을 불쾌하게 할 수도 있어요. 하지만 여러분이 실수에 대해 긍정적으로 생각한다면 불쾌한 기분을 줄일 수도 있어요. 사실 여러분을 포함한 모든 사람은 실수를 피할 수도 없고 잊을 수도 없어요. 중요한 것은 여러분이 실수를 통해 뭔가를 배우고 성장할 수 있다는 점이에요. 여러분이 어떤 실수를 하고 그 실수를 고치려고 할 때, 여러분의 뇌가 더 많은 일을 할 수 있기 때문이죠.

여러분이 실수를 하더라도 긍정적으로 생각하고 대응한다면, 실수는 오히려 여러분에게 성장의 기회가 될 수 있어요.

여러분은 이번 장을 통해 실수가 얼마나 큰 힘을 발휘하는지 깨닫게 될 거예요.

실수했을 때 어떻게 하면 좋을까?

"그 수학 문제를 놓치다니 난 정말 바보인가 봐!"
"지난번 내 미술 작품은 엉망이었어. 난 정말 미술에 소질이 없나 봐."
"축구시합 할 때 집중했는데도 내 실수로 지고 말았어. 난 축구를 잘하긴 글렀어."

사람은 실수하면 슬픔, 분노, 실망, 당황 등과 같은 불편한 감정이 들기 마련이에요. 심지어 어떤 사람은 실수했을 때 실패감을 느끼고 자포자기하기도 하죠.

그러나 성장형 사고방식을 가진 사람은 실수에 대해 다르게 생각해요. 만약 여러분이 성장형 사고방식을 키워가는 중이라면 여러분은 실수에 따른 불편한 감정에 빠지지 않을 수 있어요. 좀 더 긍정적이고 발전적으로 실수에 대응한다면 여러분의 감정은 좋은 쪽으로 이끌리게 되거든요.

성장형 사고방식을 통해 여러분은 실수를 배움과 성장의 기회로 삼을 수 있어요.

이 글 맨 앞에 나온 한 학생의 말, "그 수학 문제를 놓치다니 난 정말 바보인가 봐!"를 떠올려 보세요. 여러분도 수학 시험에서 한두 문제를 풀지 않고 놓친 적이 있나요? 그때 여러분의 기분은 어땠나요?

사실 수학 시험에서 한두 문제를 놓치는 것은 누구에게나 있을 수 있는 일이에요. 그런데도 여러분이 계속해서 여러분 자신을 탓하면서 "난 정말 멍청이야"라고 말한다면 어떻게 될까요? 만약 한두 번의 실수로 자신의 모든 일을 비관한다면 여러분은 고착형 사고방식에 빠질 수도 있어요. 하지만 다행인 건 마음만 먹는다면 얼마든지 성장형 사고방식을 키울 수 있다는 사실이에요. 달리 말하면 여러분은 실수를 발전의 기회로 삼을 수 있는 거죠. 자신의 실수에 어떻게 대응하는지는 목표 달성과 문제 해결에 큰 영향을 끼친다는 사실 잊지 마세요!

실수했을 때 불편한 감정이 생기는 것은 너무나 자연스러운 일이에요. 이때 여러분이 준비되어 있다면 이 불편한 감정을 다루는 건 어렵지 않아요.
감정은 다음과 같은 방법으로 다룰 수 있어요.

실수했을 때 생기는 감정 다루기

1. 어떤 감정이 일어나는지에 주목해 보세요. 창피한가요? 혼날까 봐 걱정되나요? 화가 나요? 사실 이런 감정들은 정상이에요. 그러니 여러분에게 일어나는 감정을 솔직하게 적어보세요.

    ✎ --

2. 심호흡을 세 번 정도 하고, 일어난 감정이 진정될 때까지 기다리세요. 심호흡을 세 번 하고 난 후 나의 감정 상태를 적어 보세요.

    ✎ --
    ----

3. 실수를 반성하며 생각해 보세요. 무엇 때문에 실수했을까? 다르게 행동할 수는 없었을까? 다르게 행동했을 경우를 상상하며 편하게 적어보세요.

    ✎ --
    ----

4. 실수를 어떻게 만회할지 생각해 보세요. 그리고 그 실수를 만회했을 때 자기 기분이 어떨지 상상해 보세요.

    ✎ --

CHAPTER 2

실수했을 때 "아, 맞다" 했던 마음 표현하기

여러분은 실수했을 때 가장 먼저 어떤 말을 했나요? 흔히 "아, 맞다"라는 말을 했을 거예요. 여러분이 저지른 실수를 떠올려 보세요. 그리고 실수를 하고 나서 어떻게 느꼈는지를 적어 보세요.

실수하는 것이 그다지 기분 좋은 일은 아니에요. 하지만 너무 걱정 마세요. 앞으로 계속 함께 하는 다양한 활동들이 여러분이 실수했을 때의 기분을 또 다른 기분으로 전환해줄 것이니까요.

눈을 감고 그림 그리기

연필 하나를 준비하세요. 그리고 눈을 감고 그림을 그려 보기로 해요.

1. 여러분이 눈을 감고 그림을 그린다고 상상해 보세요. 어떤 느낌이 드나요? 어떤 생각이 떠오르나요? 떠오르는 느낌이나 생각을 적어 보세요.

2. 이제 불을 끄고 눈을 감으세요. 그리고 바다를 항해하는 보트를 연필로 그리세요. 다 그릴 때까지 눈을 뜨면 안 돼요. 최선을 다하세요!

3. 다 그렸으면, 눈을 뜨고 여러분이 그린 그림을 보세요. 어떤가요? 제대로 그려졌나요? 그림을 그리는 동안에 어떤 느낌이 들었나요? 또 눈을 뜨고 그린 그림을 보았을 때 어떤 느낌이 들었는지 자신의 감정을 솔직하게 써보세요.

 실수할까 봐 미리 걱정하는 것은 실제로 실수하는 것보다 더 나쁜 결과를 가져올 수도 있어요. 여러분은 그림을 그리는 동안에 좌절감이나 불안감을 느꼈을지도 몰라요. 하지만 중요한 것은 최선을 다한 여러분이 자랑스럽다는 거예요.

 자신이 그린 그림이 만족스럽지 못하고 실수가 있더라도 실망하지 마세요. 지우개가 있잖아요! 실수한 부분을 지우개로 지우고 다시 그리면 되니까요. 자 그러면 앞 장으로 넘어가서 지우개를 사용해서 수정해보세요. 실수를 변화로 만들 때 생기는 뿌듯함이 느껴질거에요.

실수한 게 다행일 수도 있어!

　실수를 하면 보통 기분 좋지 않은 일로 받아들이지만, 그 실수가 여러분에게 성장의 기회를 가져온다는 사실을 알아야 해요. 여러분이 실수를 하고 난 다음에 '지금 무엇이 잘못되었는지', '앞으로는 무엇을 잘해야 하는지' 등, 생각하는 과정을 통해 한 뼘 더 성장하게 되니까요. 진지하게 생각하고 고민하는 과정이 없다면 당연히 실수는 아무런 도움이 되지 않아요.

　여러분이 시험에서 몇몇 문제에 대한 답을 하지 못했을 때의 상황을 상상해 봅시다. '나는 왜 그 문제를 풀지 못했지?', '시험 범위를 충분히 공부 했었나?', '나는 아직도 그 문제를 헷갈려 하고 있는가?', '나의 마음이 조급했었나?' 등의 질문을 통해 스스로 곰곰이 생각해 보세요.
　이렇게 실수에 대해 생각하고 반성한다면 다음 번에 여러분이 같은 실수를 저지르지 않도록 도와줍니다. 또 좌절감에 빠져 있는 대신 다음에 더 잘할 수 있다는 자신감도 가질 수 있어요.

　실수했을 때는 그 실수가 '큰 실수인지 작은 실수인지'와 '나에게만 영향을 끼치는지 다른 사람에게도 영향을 끼치는지'를 생각할 필요가 있어요. 실수에는 시험 때 부정행위 같은 큰 실수(다른 사람에게 영향)와 비 오는 날에 우산을 빠트린 일 같은 작은 실수(나에게만 영향)가 있으니까요. 작은 실수는 보통 사소한 결과를 가져오지만 큰 실수는 커다란 결과를 낳기도 해요. 이러한 결과는 어떤 결정이나 행동으로 나타나기 마련이에요.

작은 실수가 어떤 결과를 가져올지 생각해 보기로 해요. 만약 비 오는 날에 우산을 챙기지 않는다면 옷이 비에 젖을 거예요. 비를 맞아서 옷이 젖는 것은 자신의 하루에 작은 영향을 끼치는 결과를 가져온다고 할 수 있어요.

그럼 큰 실수는 어떤 결과를 가져올까요? 만약 시험에서 부정행위를 한다면 징계를 받거나 0점을 받을 수도 있어요. 징계를 받거나 0점을 받는 일은 학교생활에 큰 영향을 끼치는 커다란 결과를 가져오죠.

실수에도 차이가 있고 그 결과도 다르다는 것을 알았다면, 실수했을 때 자신에게 '내가 저지른 실수가 큰 실수일까, 아니면 작은 실수일까? 그리고 내 실수는 어떤 결과를 가져올까?'라고 물어보세요. 자신을 반성하게 하는 물음은 여러분의 실수를 개선하는 데 큰 도움을 줄 수 있어요.

여러분의 실수가 누구에게 영향을 끼치는지를 생각해 보는 것도 중요해요. 앞에서 얘기한 것처럼 실수 중에는 자신에게만 영향을 끼치는 실수와 다른 사람에게까지도 영향을 끼치는 실수가 있어요. 만약 추운 날에 외투를 챙기지 않으면 추위에 떨며 후회하겠지만, 그 실수가 다른 사람에게 영향을 끼치진 않아요. 이와 달리 모둠별 협동 학습에서 자신이 맡은 과제 하는 것을 잊었다면 모둠원 전체가 학습의 어려움을 겪게 돼요. 여러분의 실수 때문에 모둠원 전체가 낮은 점수를 받는 결과를 가져올 수도 있어요. 이렇게 자신의 실수가 다른 사람에게까지 좋지 않은 결과를 가져올 수 있으니 자신의 행동이 다른 사람들에게 어떤 영향을 끼칠지를 생각해 보는 일은 아주 중요해요.

☺ 앞으로는 이렇게 할 거야

- 수학 시험을 망쳤을 때

"난 수학 공부를 제대로 하지 않았어. 또 성급하게 문제를 풀다가 연달아 실수를 했어. 당연히 시험 점수가 낮게 나왔지. 하지만 이번에 난 시험을 잘 치르는 방법을 알게 되었어. 다음엔 좀 더 열심히 공부하고 신중하게 시험 문제를 풀 거야. 이번 시험의 실수를 꼭 만회할 거야."

큰 실수일까?
나에게만 영향을 끼치는 실수일까?

다음 표에는 여러분이 흔히 하는 실수가 나와 있어요. 각각의 실수를 살펴보고 그 실수가 큰 실수라고 생각되면 '큰 실수'에, 작은 실수라고 생각되면 '작은 실수'에 동그라미 치세요. 그리고 그 실수가 나에게만 영향을 끼치는지, 다른 사람에게도 영향을 끼치는지 생각해 보고 해당하는 곳에 동그라미 치세요.

나는 한 친구가 미워서 그 친구에 대한 나쁜 소문을 퍼뜨렸어	큰 실수 / 작은 실수	나에게만 영향을 끼침 / 다른 사람에게도 영향을 끼침
나는 필통을 집에 두고 왔어. 그래서 엄마가 내 필통을 갖고 교실에 오기로 했어	큰 실수 / 작은 실수	나에게만 영향을 끼침 / 다른 사람에게도 영향을 끼침
나는 시험공부를 하지 않고 밖에서 놀기만 했어	큰 실수 / 작은 실수	나에게만 영향을 끼침 / 다른 사람에게도 영향을 끼침
나는 오늘 아침에 우유 마시는 걸 깜박했어	큰 실수 / 작은 실수	나에게만 영향을 끼침 / 다른 사람에게도 영향을 끼침
공부 시간에 친구 A가 나를 놀렸어. 그래서 쉬는 시간에 나는 A를 밀고 때렸어	큰 실수 / 작은 실수	나에게만 영향을 끼침 / 다른 사람에게도 영향을 끼침

나는 축구 연습을 게을리해서 경기에 나갈 수가 없었어	큰 실수	나에게만 영향을 끼침
	작은 실수	다른 사람에게도 영향을 끼침
나는 수업 시간에 떠들면서 다른 아이들의 공부를 방해했어	큰 실수	나에게만 영향을 끼침
	작은 실수	다른 사람에게도 영향을 끼침
나는 체육 시간에 체육복을 입지 않았어	큰 실수	나에게만 영향을 끼침
	작은 실수	다른 사람에게도 영향을 끼침
나는 귀찮아서 내 친구가 한 숙제를 그대로 베꼈어	큰 실수	나에게만 영향을 끼침
	작은 실수	다른 사람에게도 영향을 끼침

왜 그런 실수를 저질렀을까?

만약 여러분이 어떤 실수를 저질렀다면, 다음 세 가지 물음에 곰곰이 생각해 볼 필요가 있어요. 내가 저지른 실수는 구체적으로 뭘까?, 내가 왜 그런 실수를 저질렀을까?, 앞으로 내가 어떻게 하면 그 실수를 개선할 수 있을까?

여러분이 저지른 실수를 떠올려 보세요. 그리고 아래의 표에 자세히 적어 완성하세요.

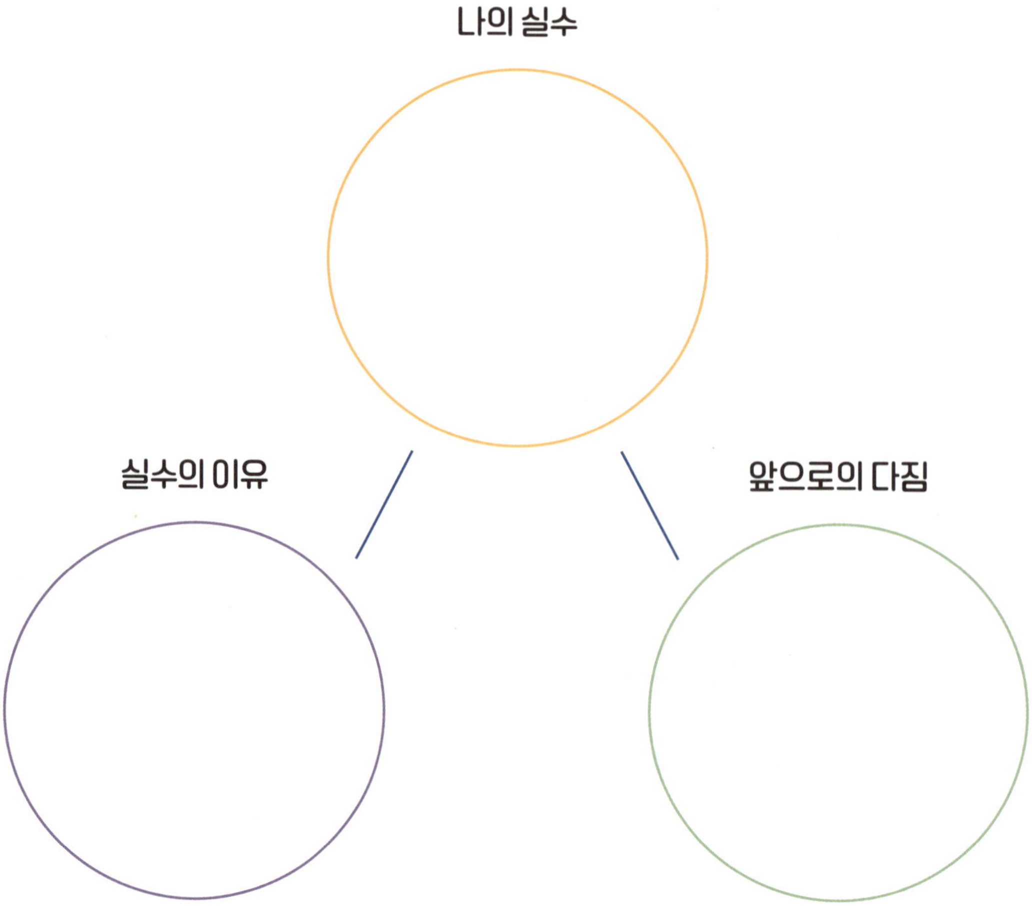

나의 실수

실수의 이유

앞으로의 다짐

책임감 받아들이기

여러분이 훌륭하게 성장하고 싶다면 자신의 선택에 책임을 지는 태도가 필요해요. 자신의 선택으로 빚어진 실수를 다른 사람이나 주변 환경 탓으로 돌린다면, 그 실수에서 아무것도 배울 수가 없기 때문이에요.

여러분 스스로 다음과 같은 말을 하지 않겠다고 다짐해 보세요.

- "나만 그런 짓을 한 게 아니야. 다른 친구들도 했단 말이야."
- "내가 안 그랬어. 누군가가 거짓말을 하고 있어."
- "나는 친구가 하라고 해서 그렇게 했을 뿐이야."
- "그 친구가 나를 화나게 하지 않았더라면, 나는 그렇게 하지 않았을 거야."
- "그건 내 잘못이 아니야."

다짐 후에는 다음의 내용을 실천해 보세요.

- 자신의 실수를 인정하고, 무엇을 잘못했는지 솔직하게 말하세요.
- 자신의 실수를 반성하고, 다른 사람을 비난하거나 변명하지 마세요.
- 자신의 실수가 다른 사람의 마음을 상하게 했다면 그 사람에게 사과하세요.
- 실수를 줄이고 더 나은 선택을 하기 위해 주변 어른의 충고에 귀를 기울이세요.

여러분이 저지른 실수 하나를 떠올려 보세요. 그리고 다음의 빈칸 안에 자신의 생각과 그 이유를 쓰면서 스스로 생각을 정리해보세요.

1. 내가 저지른 실수에 대해 책임감을 가질 거야.

----

2. 내가 왜 이런 실수를 저질렀을까?

----

3. 내가 이런 실수를 하지 않기 위해 무엇을 하면 좋을까?

다음엔 내가 같은 실수를 하더라도 다른 사람을 탓하지 않을 거야.

실수는 굉장한 배움의 기회

앞에서 살펴본 것처럼 실수했을 때 느끼는 감정을 올바르게 다루고 저지른 실수에 책임을 질 수 있다면, 분명히 여러분은 실수로부터 많은 것을 배울 수 있어요. 실수는 굉장한 배움의 기회로 작용하죠.

사실 실수를 통해 뭔가를 배운다는 건 쉬운 일만은 아니에요. 하지만 누구나 어려운 일을 해낼수록 보람은 더 커진답니다. 실수를 통해 뭔가를 배우고 개선한다면 앞으로 여러분은 똑같은 실수를 반복하지 않을 거예요.

여러분이 실수했을 때 그 실수에서 얻는 유익함은 크게 네 가지가 있어요. 네 가지 유익함을 잘 알고 있으면 여러분은 실수하더라도 실망하거나 좌절하지 않을 수 있어요.

실수에서 얻는 유익한 네 가지

1. 실수는 뜻밖의 행운을 가져다준다

여러분도 실수했을 때 뜻밖에도 오히려 일이 잘되는 경우를 한 번쯤 경험했을 거예요. 예를 들면 이런 경험들이에요.

- 과학 실험에 알맞지 않은 재료를 사용했는데 오히려 실험 결과가 좋은 경우
- 색칠하면서 어울리지 않는 색을 사용했는데 오히려 그림의 분위기가 좋아진 경우

2. 실수는 간단한 일에도 집중해야 함을 일깨워준다

한 번쯤 여러분도 시험에서 아주 쉬운 문제를 틀려서 손으로 이마를 톡톡 때리면서 자책한 경험이 있을 거예요. 예를 한번 볼까요.

- 받아 올림이 있는 곱셈 문제는 쉽게 풀면서도 받아 올림이 없는 문제를 틀린 경우
- 어렵고 복잡한 과제를 잘 해결하면서도 매우 간단한 과제에서 오류를 범한 경우

3. 실수는 어떤 일에도 방심해서는 안 된다는 점을 일깨워준다

한 번쯤 여러분은 어떤 과제를 금방 할 수 있으니 다음에 하겠다고 미루다가 제때 하지 못한 적이 있을 거예요. 마음의 방심 때문에 생긴 실수는 마음의 긴장을 늦추지 말라는 경고일 수 있어요. 이런 경우들이에요.

- 시험 문항 중에서 몇 문항을 빠뜨리고 풀지 않은 경우
- 바로 할 수 있는 일을 시간이 많다고 미루다가 하지 못하거나 닥쳐서 하다가 중요한 부분을 건너뛴 경우

4. 실수는 위험 신호를 알려 준다

여러분은 자전거를 타다가 넘어져서 크게 다칠 뻔한 경험이 있을 거예요. 안전이나 생명을 위협하는 실수는 똑같은 실수가 반복되어서는 절대로 안 된다는 경고로써 바로 위험 신호라

고 할 수 있어요. 다음과 같은 사례들이죠.

- 신호등을 무시하고 길을 건너다가 교통사고를 당할 뻔한 경우
- 준비운동을 하지 않고 수영을 하다가 다리에 쥐가 난 경우

▶ 실수했을 때는 자기 자신에게 다음과 같이 물어보세요

- 내가 어떤 실수를 했을까?
- 내가 왜 이런 실수를 했을까?
- 그 실수로부터 무엇을 배울 수 있을까?
- 똑같은 실수를 하지 않으려면 무엇을 해야 할까?

☺ 앞으로는 이렇게 할 거야

- 놀고 싶지만 해야 할 일이 있을 때

나는 컴퓨터 게임을 하기 전에 수학 과제를 먼저 하기로 마음먹었어. 그런데 컴퓨터 게임을 빨리하고 싶은 마음에 수학 과제를 대충했어. 다음 날 선생님께 수학 과제를 제출했을 때 정성이 부족하다고 꾸중을 들었어.

나는 과제를 대충해서는 결과가 좋지 않다는 점을 깨달았어. 컴퓨터 게임을 하는 것보다 과제를 제대로 하는 것이 더 중요하다는 것을 꼭 기억할 거야.

실수를 저지른 친구에게 조언하기

　지금까지 여러분이 저지른 수많은 실수를 떠올려 보세요. 그다음 아래의 물음에 솔직하게 답해 보세요.

1. 지금까지 내가 저지른 실수 중에서 가장 큰 실수는 무엇인가요?

　✏️
　--
　--

2. 앞의 큰 실수를 통해 무엇을 배웠나요?

　✏️
　--
　--

3. 한 친구가 학용품을 잘 챙겨오지 않는다고 가정해 보세요. 그 친구에게 하고 싶은 조언을 적어 보세요.

　✏️
　--
　--

실수 개선하기

다음 표에 나온 각각의 실수를 살펴보고, 그런 실수를 하지 않을 방법을 오른쪽에 적어 보세요.

나는 친구들과 노느라고 방과 후 수학 수업에 자주 결석했어. 오늘 치른 수학 시험에서 자신 있게 푼 문제가 거의 없어.	
오늘은 내 친구와 함께 도서관에 가기로 약속한 날이었어. 나는 선생님의 일을 돕느라 그 약속을 지키지 못했어.	
나는 이번 주에 기분이 좋지 않아서 피아노 연습을 게을리했어. 오늘 있었던 연주회 예행연습에서 나는 곡을 끝까지 연주하지 못했어. 지금 내 기분은 정말 엉망이야.	
나는 컴퓨터 게임을 하기 전에 방 청소를 하겠다고 엄마와 약속했어. 하지만 나는 게임을 하고 싶은 마음이 앞서서 청소하는 걸 잊어버렸어. 엄마는 나에게 일주일 동안 게임을 하지 말라고 했어.	
나는 받아쓰기 시험일이 오늘이라는 걸 잊고서는 공부를 하지 못했어. 시험을 치르는 동안에 나는 옆 친구의 답안지를 훔쳐보았어. 선생님이 나의 부정행위를 발견하셨어.	

실수했을 때의 행동 요령

여러분 각자 가장 최근에 저지른 실수를 떠올려 보세요. 실수했을 때 어떻게 행동했나요?

다음에는 여러분이 실수했을 때 할 수 있는 행동 요령이 나와 있어요. 다음 행동 요령 중 시도하고 싶은 행동 세 가지만 선택해보세요.

앞으로 언제든지 실수가 발생했을 때는 여기 행동 요령이 있는 페이지로 찾아오세요. 그리고 실수를 통해 한걸음 성장해 나아가는 나를 만들어가세요.

- 내 감정을 조절하기 위해 숨을 깊게 쉰다.
- 나 자신을 용서한다.
- 누구라도 실수할 수 있다는 사실을 떠올린다.
- 내가 누군가의 마음을 상하게 했다면 진심으로 사과한다.
- 실수를 개선하는 방안을 찾고 이를 실천한다.
- 실수로부터 무엇을 배울 수 있는지 생각해 본다.
- 실수를 개선할 수 있다는 자신감을 지닌다.
- 주변 사람들에게 내가 어떻게 느끼고 있는지를 말한다.
- 나의 실수를 다른 사람 탓으로 돌리지 않는다.

실수는 멋진 결과를 낳을 수 있어!

여러분도 잘 아는 몇몇 훌륭한 발명품은 사실 실수 덕분에 만들어졌다는 사실을 알고 있나요? 실수가 얼마나 멋진 결과를 낳을 수 있는지 확인해 보고 싶다면, 실수로 만들어진 멋진 발명품(유아용 점토, 포스트잇, 초콜릿 칩 쿠키 등)에 관한 이야기를 찾아보세요.

고무찰흙처럼 말랑말랑한 '실리 퍼티(액체 괴물)'라는 장난감이 있어요. 어린이들 누구나 '끈적끈적하면서 통통 튀고 늘어나는' 이 실리 퍼티를 가지고 노는 걸 좋아하죠. 그런데 이 실리 퍼티는 제임스 라이트(James Wright)라는 사람이 우연히 발명한 물질이에요.

제임스 라이트는 제너럴 일렉트릭(미국의 전기회사)의 기술자였어요. 그는 비행기 타이어, 군인용 부츠, 가스 마스크 등에 사용될 특별한 형태의 고무를 개발하는 일을 맡았지요. 그는 여러 개발 시험을 하던 중 우연히 실수로 실리콘 오일에 붕산을 첨가해서 '끈적끈적하고 통통 튀는' 물질을 만들었어요. 이 물질이 바로 실리 퍼티인데 그가 처음에 만들려고 했던 물질과는 전혀 다른 것이었어요. 하지만 실리 퍼티는 전 세계 어린이가 좋아하는 물질이 되었어요.

어린이뿐만 아니라 어른들도 좋아하는 초콜릿 칩 쿠키, 이 쿠키는 어떻게 탄생했을까요? 이 초콜릿 칩 쿠키도 루스 웨이크필드(Ruth Wakefield)에 의해 우연한 실수로 만들어졌어요.

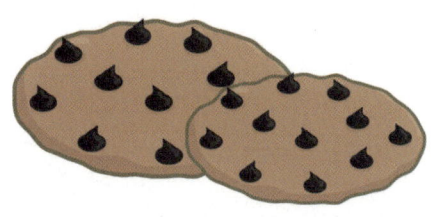

웨이크필드는 초콜릿 쿠키를 만들기 위해 초콜릿 큰 조각을 작게 쪼갠 다음 이 작은 조각을 밀가루 반죽과 섞었어요. 웨이크필드는 작은 초콜릿 조각이 밀가루 반죽 속에서 완전히 녹기를 기대했는데 유감스럽게도 녹지 않았어요. 그녀는 작은 초콜릿 조각이 섞인 밀가루 반죽을 버리기가 아까워서 그대로 쿠키로 구웠어요. 그 결과는 어땠을까요?

CHAPTER 2　　　　　　　　　　　　　　　　　　　　　　　57

지금 여러분이 즐겨 먹는 초콜릿 칩 쿠키가 탄생한 거죠. 그녀는 깜짝 놀랐고 세계인이 즐겨 먹는 쿠키가 되었죠.

오늘날 많은 사람이 애용하는 세계적인 문구용품 포스트잇, 어떻게 세상에 나오게 되었을까요? 미국의 한 기업에서 항공기 제작에 쓸 강한 접착제를 개발 중이었던 연구원 스펜서 실버(Spencer Silver)는 실수로 접착력이 약한 접착제를 만들게 됐습니다. 실버가 만든 접착제는 접착력이 기대만큼 강하지는 않았지만 끈적임이 없고 표면에 잔여물을 남기지 않는 특성이 있었습니다. 그러던 중 실버의 동료 아트 프라이(Art Fry)는 찬송가 책에서 부를 곡 페이지에 종이 책갈피를 끼웠는데 책을 펼칠 때마다 책갈피가 바닥에 떨어지는 것을 보고선 실버가 만들었던 실패한 접착제를 사용할 생각을 했습니다. 결국 실버와 프라이는 붙였다 뗄 수 있는 종이를 개발했고 이는 상품화되었습니다.

앞에 소개한 인물들은 우연한 실수로 새로운 발명품을 만들었어요. 실패가 있었지만 끊임없이 새로운 일을 시도하였고 실수를 두려워하지 않았어요. 실수에 좌절하지 않고 실수로부터 뭔가를 배우려고 노력했기 때문에 우연한 실수가 훌륭한 발명품으로 나올 수 있었어요.

눈을 감고 실리 퍼티와 초콜릿 칩 쿠키, 포스트잇이 없는 세상을 상상해 보세요. 끔찍하지 않나요?

만약 내가 단 한 번도 실수한 적이 없다면 어떨까?

1. 만약 지금까지 단 한 번도 실수한 적이 없다면, 지금 나는 어떻게 살까요? 생각나는 대로 적어 보세요.

2. 지금까지 실수를 한 다음에 배운 모든 교훈을 떠올려 보세요. 만약 그러한 실수를 하고도 아무 것도 배운 것이 없다면 지금 나는 어떻게 살까요? 생각나는 대로 적어 보세요.

유명한 사람이 남긴 말에 숨은 뜻 찾기

성공한 사람들은 대부분 실수나 실패를 경험하고 성공할 수 있었어요. 그래서 그런지 세계적으로 유명한 많은 사람들이 실수에 관한 말들을 남겼어요.

다음에는 유명인이 한 말, 여섯 가지가 나와요. 그 말에는 어떤 뜻이 숨어 있을지 생각나는 대로 적어 보세요.

"나는 완벽한 척하기 위해서가 아니라 실수하기 위해 태어났다."
– 드레이크(Drake, 랩 가수)

"인생에서 자신의 목표를 포기한 사람들은 자신이 목표에 가까이 다가왔음을 깨닫지 못한 사람들이다."
– 토머스 에디슨(Thomas Edison, 발명가)

"실수를 멈추는 순간은 곧 배움을 멈추는 순간이다."
– 마일리 사이러스(Miley Cyrus, 가수이자 배우)

✏️

"자신의 실수를 인정하는 사람은 그 실수를 개선할 가능성을 지닌 사람이다."
– 브루스 리(Bruce Lee, 배우)

✏️

"실수는 행복한 사건일 뿐이야."
– 밥 로스(Bob Ross, 화가)

✏️

"실수해 본 적이 없는 사람이란 새로운 일을 시도해 본 적이 없는 사람이다."
– 알베르트 아인슈타인(Albert Einstein, 과학자)

✏️

내 친구 실수야, 고마워!

　만약 여러분이 실수로부터 조금이라도 뭔가를 배웠다면, 실수는 고마운 친구라고 할 수 있어요. 그럼 실수라는 고마운 친구에게 멋진 선물을 보내 볼까요?

1. 실수라는 친구에게 전하고 싶은 말을 적어 보세요.

----

2. 실수라는 친구에게 주고 싶은 선물을 한 가지 정해서 그림으로 그려 보세요.

3. 자유롭게 상상해서 실수라는 친구의 모습을 그려보고 편지도 써보세요.

좌절감을 느껴도 괜찮아!

실수가 여러분의 성장에 도움이 된다는 걸 알더라도 막상 실수했을 때 여전히 좌절감을 느낄 수 있어요. 하지만 괜찮아요! 새로운 것을 배우거나 새로운 일에 도전할 때 좌절감을 느끼는 것은 어쩌면 당연하니까요. 중요한 것은 좌절감을 이겨내려는 마음이에요.

어떤 일을 하다가 좌절감을 느끼는 사람들은 그 일을 포기하고 싶은 마음이 커져요. 여러분은 어떤가요? 성장형 사고방식을 기르려는 여러분에게 포기라는 말은 어울리지 않아요. 인내심만 갖는다면 다른 사람들은 불가능한 일이라고 할지라도 여러분은 포기하지 않고 그 일을 해낼 수 있어요. 다시 강조하지만 인내심은 성장형 사고방식에 아주 중요한 부분이에요.

여러분 중 누군가는 "계속 노력해야 한다는 걸 잘 알지만 때때로 무기력감과 좌절감에 빠지곤 해"라고 말할지도 몰라요. 하지만 걱정하지 마세요. 여러분이 무기력감이나 좌절감에 빠졌을 때 도움이 되는 여러 가지 방법이 있어요.

🚩 무기력하고 좌절감을 느낄 때 도움이 되는 실천 방안

1. 휴식하기

무기력감이나 좌절감에 빠졌을 때, 즉 여러분의 뇌가 아무것도 할 수 없을 정도로 지쳐 있을 때는 휴식을 취하는 게 좋아요. 달리 말하면 뇌가 쉴 수 있도록 기분을 전환해야 해요. 다음 몇 가지를 실천해 보세요.

✓ **건강에 좋은 간식 먹기**

건강에 좋은 간식은 여러분의 뇌가 어떤 문제를 생각하고 해결할 수 있도록 도움을 준답니다.

✓ **운동하기**

운동이나 산책을 하면 여러분의 마음이 안정되고 집중력이 높아져요.

✓ **좋아하는 노래 듣기**

좋아하는 노래를 들으면 기분이 좋아지고 좌절감이 줄어들어요.

✓ **창의적인 활동 하기**

그림 그리기, 장난감 만들기, 요리하기, 악기 연주하기, 글쓰기 등과 같은 창의적인 취미 활동은 긴장을 풀어주고 뇌 활동을 촉진해요.

2. 평온한 마음 갖기

여러분이 현재의 순간에 집중하면 마음은 평온해지고, 마음이 평온해지면 현재의 순간에 더욱더 집중할 수 있어요. 평온한 마음은 여러분의 몸을 안정시킬 뿐만 아니라 실수에 대한 걱정이나 실수로부터 오는 좌절감을 줄여주기도 해요. 평온한 마음을 갖기 위해 다음 두 가지를 실천해 보세요.

✓ 깊게 숨쉬기

바르게 앉아서 두 손을 배 위에 평평하게 올려놓으세요. 그리고 코로 숨을 깊게 들이마시고 입으로 숨을 내쉬세요. 이때 배의 움직임을 느껴 보세요.

✓ 눈감고 좋은 것에 집중하기

좋은 풍경, 좋은 촉감, 좋은 냄새, 좋은 소리, 그리고 좋은 맛을 떠올려 보세요.

3. 자기 자신에게 친절하기

실수한 일보다 잘한 일을 떠올리고, 자기 자신을 상냥한 말로 칭찬해 보세요. 그리고 누구보다 자기가 자신을 사랑하세요.

☺ 앞으로는 이렇게 할 거야

- 축구 경기를 망쳤을 때

"난 축구부에서 골키퍼를 맡고 있어. 지난번 경기에서 실수로 2골이나 주고 말았어. 나 자신이 한심하고 실망스러워서 경기장을 뛰쳐나갔어. 정말로 축구를 포기하고 싶은 마음이었어. 하지만 이런 나의 행동은 결국 나에게 해가 된다는 것을 깨달았어. 다음엔 실수하더라도 좌절하지 않을 거야. 심호흡을 반복하면서 몸과 마음을 안정시키고, 실수를 만회하려는 의지를 가질 거야."

나 자신에게 긍정적으로 단호히 말하기

자기 자신에게 긍정적으로 단호히 말하는 것, 즉 긍정적인 마음으로 확실하게 말하는 것은 여러분이 느끼는 좌절감과 회의감을 줄이거나 없애는 데 도움을 줄 수 있어요. 이뿐만 아니라 긍정적인 마음과 확실한 말은 자신감과 용기도 불러일으킬 수 있어요.

1. 자기 자신에게 다음과 같이 큰 소리로 말해 보세요.

- "가끔 실수도 하지만 그래도 난 멋진 사람이야."
- "나는 어떠한 도전도 이겨낼 수 있어."
- "나는 머리가 좋아서 어려운 수학 문제도 풀 수 있어."
- "나는 얼마든지 훌륭한 사람이 될 수 있어."
- "지금의 내가 너무 자랑스러워."

2. 여러분의 자랑거리를 세 가지 적어 보세요.

✎ --

✎ --

✎ --

기분 전환하기

사람이라면 누구나 뜻밖의 실수를 할 수 있어요. 뜻밖의 실수를 하고 나면 무기력감이나 좌절감을 느끼기도 하고 마음이 울적해지기도 합니다.

지금 자신의 마음이 울적하다면 조금도 망설이지 말고 기분 전환을 하세요. 아래의 7가지 활동 중 하나를 선택해서, 지금 당장 실천하세요!

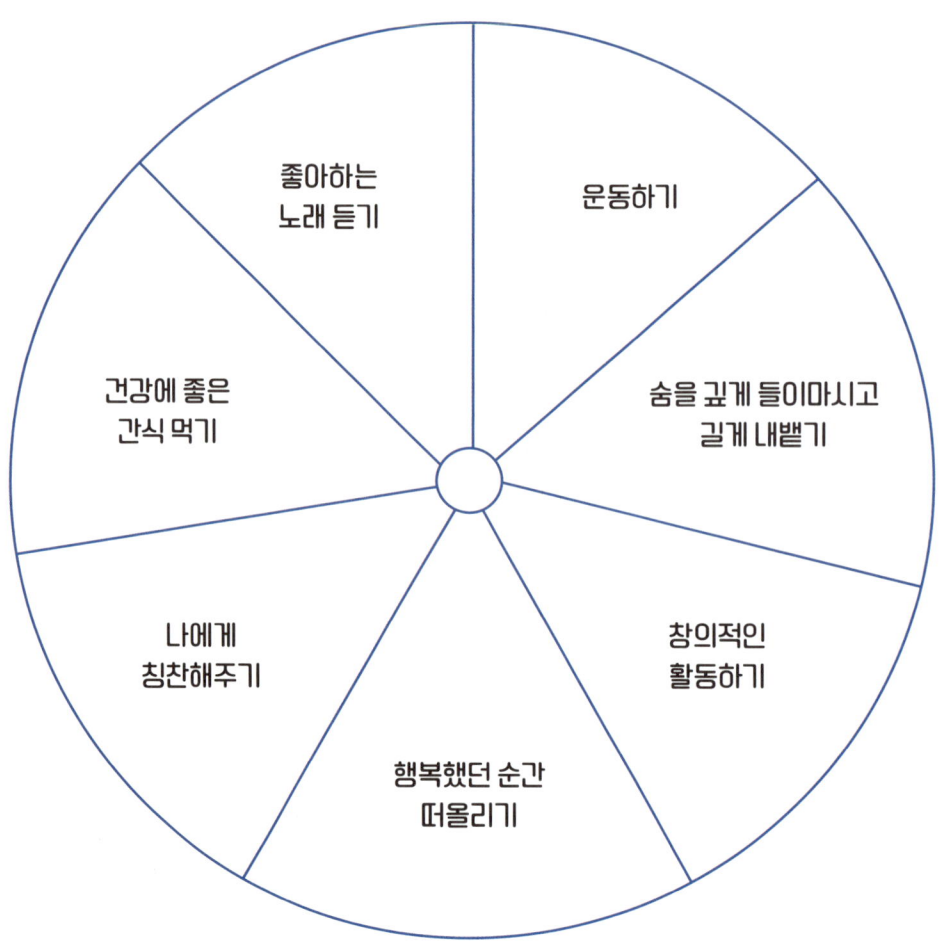

1. 여러분은 기분을 전환하기 위해 어떤 활동을 선택했나요? 그리고 그 이유는 무엇인가요?

2. 기분 전환을 위한 활동을 하며 가장 재밌었던 부분은 무엇인가요?

3. 실수를 했을 직후와 기분 전환을 하고 난 후의 감정은 어떻게 달라졌나요?

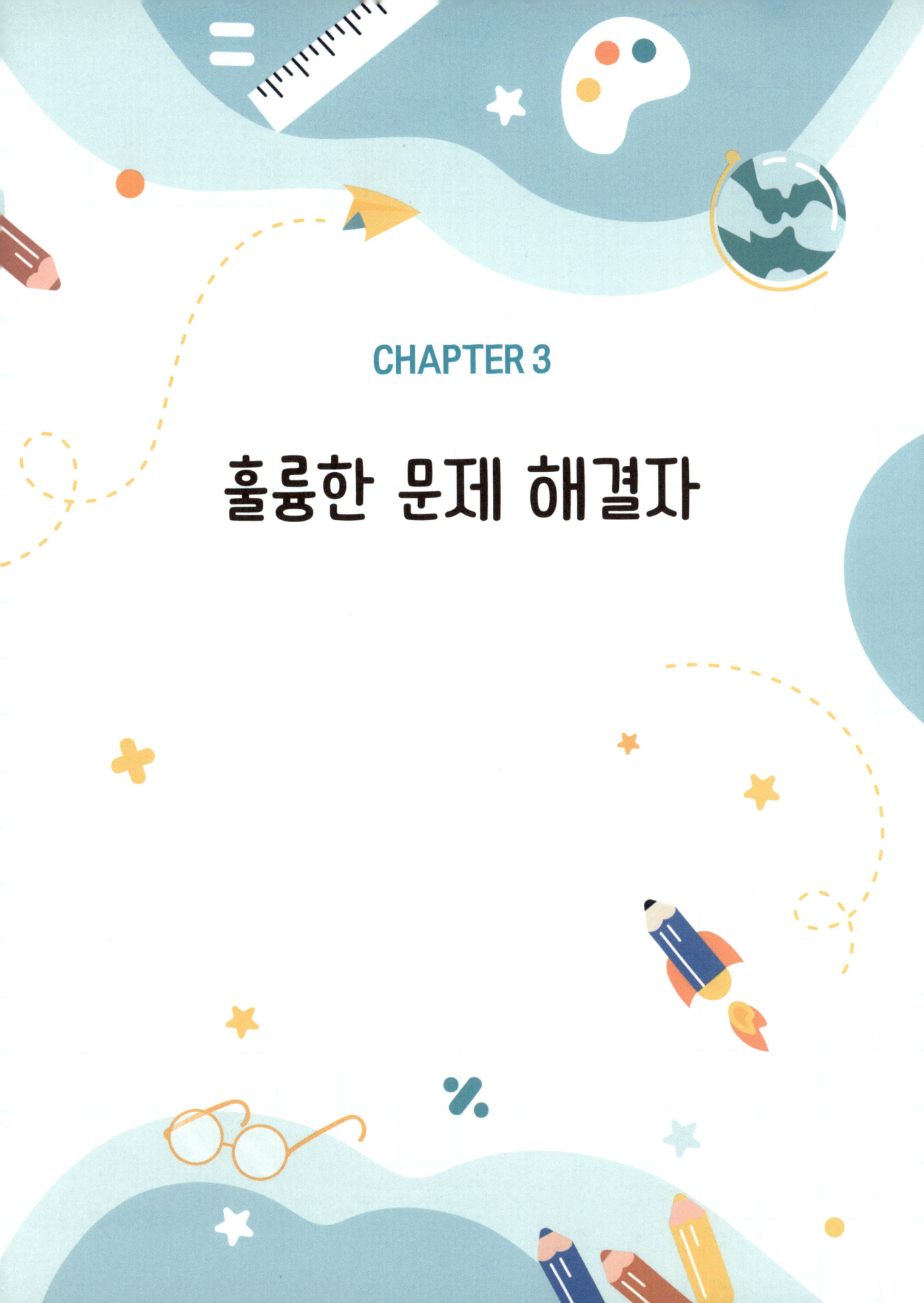

CHAPTER 3

훌륭한 문제 해결자

성장형 사고방식을 발달시키기 위해서는 '어떻게 하면 훌륭한 문제 해결자가 될 수 있는지'를 배워야 해요. 실수를 통해 뭔가를 배우고 이런 실수를 개선하기 위해 새로운 방법을 찾는 사람이라면 누구나 훌륭한 문제 해결자가 될 수 있어요. 만약 여러분이 주어진 문제를 해결하기 위해 새로운 일을 시도하면 할수록 여러분은 문제 해결이라는 목표에 더욱더 가까이 다가갈 수가 있어요.

아무리 어려운 문제라도 해결책은 있기 마련이에요. 여러분에게 어려운 문제가 생기더라도 너무 걱정할 필요는 없어요. 그 문제를 해결하기 위해 여러분의 인내력과 창의력을 발휘하면 되니까요.

이번 장에서 여러분은 훌륭한 문제 해결자가 되는 방법을 배울 거예요. 분명히 여러분은 주어진 문제를 해결하는 힘과 주어진 도전을 이겨내는 힘을 기를 수 있다고 믿어요.

수학 문제 풀이보다 더 크고 깊은 문제 해결

문제 해결이라고 하면 여러분은 어려운 수학 문제를 푸는 것을 생각할지도 몰라요. 여러분 중에는 다양한 형태의 수학 문제를 능숙하게 푸는 사람도 있을 거예요. 하지만 문제 해결은 수학 문제를 푸는 것보다 더 크고 깊은 의미가 있어요. 문제 해결은 여러분이 생활하면서 만나는 각양각색의 문제(교과 학습 문제를 포함하여)에 대한 해결책을 찾는 과정이에요.

여러분 누구나 교과 학습에 관한 문제에서부터 일상생활의 소소한 문제(친구와의 갈등, 가족과의 불화, 운동 부족, 비만 등)까지, 여러 문제의 해결책을 찾으려고 노력했던 경험이 있을 거예요.

여러분이 어떤 일로 친구를 화나게 했던 때를 떠올려 보세요. 친구가 화를 내는데도 여러분은 아무것도 하지 않았나요? 분명히 여러분은 친구의 화를 진정시키기 위해 여러 가지 노력을 했을 거예요. 이러한 노력을 하는 순간에 여러분은 문제 해결자가 된 것이나 다름없어요.

지금까지 여러분이 잘해 왔겠지만 주어진 문제를 좀 더 쉽게 해결하고 싶다면, 여러분은 해결해야 할 문제가 무엇인지 명확히 이해할 필요가 있어요.

▶ 해결할 문제를 명확히 이해하는 데 도움이 되는 질문

- 언제부터 문제가 시작되었을까?
- 내가 어떻게 문제를 알아차렸을까?
- 문제의 원인은 무엇일까?
- 문제를 해결하기 위해 내가 무엇을 하면 좋을까?
- 지금과 똑같은 문제를 예전에 내가 어떻게 해결했을까?
- 내가 문제를 무시하면 무슨 일이 벌어질까?
- 문제를 해결하는 데 필요한 정보는 무엇일까?
- 문제를 해결하기 위해 누구의 도움을 받아야 할까?

▶ 문제를 해결하는 데 도움이 되지 않는 행동

- 너무 일찍 포기하는 것
- 부정적인 말이나 생각을 하는 것
- 자만심을 갖고 문제를 하찮게 여기는 것
- 문제를 대충 이해하는 것
- 문제 해결에 필요한 도움을 거부하는 것

🚩 문제를 해결하는 데 도움이 되는 행동

- 열린 마음 갖기

- 새로운 시도를 하려는 의지를 갖기

- 문제 해결에 필요한 정보나 아이디어 모으기

- 문제 해결을 위한 계획 세우기

- 인내력과 창의력 발휘하기

- 문제가 해결되지 않더라도 긍정적인 마음 가지기

- 실수를 두려워하지 않기

문제 해결을 위한 계획 세우기

지금 여러분이 겪고 있는 문제(친구와의 다툼, 교과 학습 부진, 부모와의 갈등, 좋지 않은 습관, 운동 부족 등)를 생각해 보세요.

1. 현재 겪고 있는 문제 중 하나를 적어 보세요.

------

2. 다음의 내용은 문제를 해결하는 데 도움이 될 몇 가지 해결책이에요. 여러분에게 알맞은 해결책인지 살펴보세요.

- 겪고 있는 문제에 대해 정확히 파악하기
- 사과하기
- 친구에게 조언 구하기
- 문제를 해결하는 데 필요한 기술 익히기
- 겪고 있는 문제와 비슷한 문제 조사하기
- 신뢰할 수 있는 어른에게 면담 요청하기
- 아주 작은 실수라도 바로 개선하기

3. 여러분의 문제를 해결하기 위해 무엇을 하면 좋을지 자세히 적어 보세요.

- 우선 나는 이 문제를 풀기 위해서 제일 먼저 이것을 할 거야.

- 만약 이것이 잘 안된다면 나는 이런 방향의 다른 방법을 찾아 볼 거야.

- 방법을 찾았는데도 여전히 문제가 해결되지 않는다면 그때는 이렇게 할 거야.

해결책은 여러 개일 수 있어!

교과 시험에서 나오는 문제이든 일상생활에서 일어나는 문제이든 해결책(또는 해답)은 하나 이상일 때가 많아요. 그러므로 주어진 문제를 해결할 때는 여러 개의 해결책을 찾아보는 게 중요해요.

다음 세 문제를 풀면서 해결책이 여러 개라는 사실을 느껴 보세요.

1. ( ) + ( ) + ( ) = 10

→ 자연수 중에서 ( ) 안에 들어갈 수 있는 숫자를 모두 찾아 적으세요.

1, 2, 7	, ,	, ,	, ,
, ,	, ,	, ,	, ,

2. 다음 네 개의 빈칸을 따뜻한 느낌의 색으로 칠해보세요.

3. 여러분을 행복하게 하는 말을 모두 적어 보세요.

- 예시) 넌 정말 멋있어.   ·

- ·   ·

- ·   ·

- ·   ·

- ·   ·

- ·   ·

CHAPTER 3

해결해야 할 문제를 지닌 친구에게 조언하기

다음의 〈상황 1-4〉는 각각 다른 친구들의 네 가지 상황이에요. 각 상황을 잘 살펴보고, 그 상황에 놓인 친구가 자신의 문제를 해결할 수 있도록 알맞은 조언을 적어 보세요.

1. 〈상황 1〉 친구 '가'는 평소에 수학 공부를 열심히 하는데도 수학 시험에서 좋지 않은 점수를 받을 때가 있다. 낮은 점수를 받은 날 친구 '가'는 우울해 한다.

   → 친구 '가'가 위로를 받을 수 있도록 조언해 보세요.

   ----

2. 〈상황 2〉 친구 '나'와 친구 '다'가 심하게 다투었다. 그 이유는 친구 '나'가 친구 '다'에게 연필을 빌려주었는데 친구 '다'가 친구 '나'에게 그 연필을 돌려주지 않았기 때문이다.

   → 친구 '나'와 친구 '다'가 화해할 수 있도록 조언해 보세요.

   ----

3. 〈상황 3〉 친구 '라'는 늦잠을 자서 학교에 지각하는 날이 많다. 친구 '라'가 앞으로도 계속 지각한다면 징계를 받을 것이다.

   → 친구 '라'가 지각하지 않도록 조언해 보세요.

4. 〈상황 4〉 친구 '마'는 과학 실험을 할 때마다 좋은 결과를 얻지 못하였다. 그 이유는 실험 절차를 지키지 않았기 때문이다. 그런데도 친구 '마'는 실험 절차를 어기지 않았다고 고집한다.

   → 친구 '마'가 실험 절차를 지키도록 조언해 보세요.

평가와 충고(피드백) 받아들이기

담임 선생님은 윤지에게 "네가 수학 시험에서 실수를 자주 하는 이유는 수업 시간에 친구와 잡담하느라 중요한 내용을 놓치기 때문이야"라고 말했어요. 선생님의 말을 듣고 윤지는 화가 났으나 곧 자기 잘못을 깨달았어요. 윤지는 수업 시간에 잡담하지 않으려고 노력했고, 선생님 말에 귀를 기울였어요. 당연한 결과지만 윤지는 수학 시험에서 실수를 줄일 수 있었어요.

축구부 코치는 영수에게 "네가 다음 경기에 출전하려면 지금보다 더 열심히 연습해야만 해"라고 말했어요. 이 말을 듣고 영수는 자신의 실력을 모른다고 코치를 원망했어요. 불만인 영수는 코치의 충고를 따르지 않았어요. 당연한 결과지만 영수는 경기에 출전할 수 없었어요.

두 이야기를 되짚어 보세요. 윤지는 담임 교사의 평가와 충고를 받아들였으나 영수는 축구부 코치의 평가와 충고를 거부했어요. 그 결과는 어땠나요?

여러분이 뭔가를 잘할 수 있도록 돕기 위해 누군가가 진심으로 해주는 게 평가와 충고라고 할 수 있어요. 피드백이라고도 하죠. 그런데 사람들은 이런 평가와 충고를 반기지 않는 경우가 많아요. 여러분도 한 번쯤 누군가의 평가와 충고, 특히 잘못이나 실수를 지적하는 부정적인 내용에 대해서 기분이 무척 상했던 적이 있을 거예요. 이런 일은 누구에게나 있을 수 있어요. 하지만 여러분은 다음과 같은 말에 귀를 기울일 필요가 있어요.

"평가와 충고는 여러분을 돕기 위한 거예요. 성장과 발전에 필요한 정보를 제공하는 사람은 나를 진심으로 아끼고 있어요."

고착형 사고방식을 지닌 사람은 자기에게 전해지는 평가와 충고를 무시하고 화를 내는 경향이 있어요. 반면에 성장형 사고방식을 지닌 사람은 평가와 충고를 기꺼이 받아들이고 이를 적극적으로 활용하죠. 사실 다른 사람에게 평가와 충고를 받는 그 자체만으로도 축복일 수 있어요. 분명히 여러분은 부모님이나 선생님으로부터 자주 평가와 충고를 받을 거예요. 열린 마음으로 그것을 받아들이고 이를 여러분의 성장에 활용해 보세요.

▶ **평가와 충고를 받아들이는 데 도움이 되는 행동**

- 열린 마음으로 귀 기울여 듣기
- 평가와 충고를 받을 때 자신의 기분이 어떤지 살피기
- 평가와 충고를 받고 나서 기분이 상했다면 먼저 자신의 마음을 진정시키기
- 자신이 상대방의 평가와 충고를 제대로 이해했는지 되짚어 보기
- 평가와 충고가 자신의 성장에 도움이 된다는 사실을 흔쾌히 인정하기
- 평가와 충고를 해준 상대방의 진심을 알고 고마운 마음 갖기
- 평가와 충고를 자신의 성장에 활용하기
- 지금 누군가가 자신에게 평가와 충고를 전한다면 기꺼이 받아들이기

평가와 충고에 어떻게 다르게 반응할까?

다음 표에는 주어진 평가와 충고에 대한 반응을 나타내는 11가지 상황이 나와 있어요. 각 상황을 잘 살펴보고 성장형 사고방식을 나타내는 상황이라면 '성장형'에, 고착형 사고방식을 나타내는 상황이라면 '고착형'에 동그라미를 치세요.

1. 선생님은 나를 좋아하지 않는 것 같아	성장형	고착형
2. 부모님은 내가 좀 더 잘하길 바라고 있어	성장형	고착형
3. 나는 노력할 거야	성장형	고착형
3. 그 친구는 나를 질투하고 있어	성장형	고착형
5. 나는 그 친구의 충고를 따를 거야	성장형	고착형
6. 피드백은 나의 성장에 도움이 돼	성장형	고착형
7. 나는 누군가의 조언을 받으면 짜증이 나	성장형	고착형
8. 누군가의 조언은 나에게 필요하지 않아	성장형	고착형
9. 나의 성장을 위해 피드백을 활용할 거야	성장형	고착형

10. 나는 형의 충고를 무시할 거야	성장형	고착형
11. 아무리 좋은 피드백을 받더라도 나는 잘할 자신이 없어	성장형	고착형

▶ **올바른 답을 확인해 보세요.**

1. 고착형 / 2. 성장형 / 3. 성장형 / 4. 고착형 / 5. 성장형 / 6. 성장형 / 7. 고착형 / 8. 고착형 / 9. 성장형 / 10. 고착형 / 11. 고착형

☺ 앞으로는 이렇게 할 거야

– 평가와 충고를 받는다면

"수업 시간에 선생님께서 질문을 많이 할수록 학습 이해력이 높아진다고 하셨어. 난 선생님의 말씀에 전적으로 공감해. 다음엔 이해가 되지 않는 내용이 있으면 서슴없이 손을 들고 질문할 거야."

생각하기 → 다시 말하기 → 감사하기 → 결정하기

자신에게 전해진 평가와 충고에 적절히 반응하고 잘 활용하기 위해서는 다음의 네 단계가 필요해요.

1. <1단계> 상대방의 평가와 충고의 이유를 곰곰이 생각하기
2. <2단계> 상대방의 평가와 충고를 완전히 이해했다는 뜻으로 상대방에게 그 내용을 다시 말하기
3. <3단계> 평가와 충고를 해준 상대방에게 감사하기
4. <4단계> 상대방의 평가와 충고를 어떻게 활용할지 결정하기

눈을 감고 여러분이 부모님, 선생님, 친구 등으로부터 받은 평가와 충고를 떠올려 보세요. 아마도 여러분이 받은 평가와 충고는 대부분 교과 학습, 운동, 친구 관계, 생활 습관, 행동방식, 사고방식 등에 관한 내용일 거예요.

그럼 앞에서 알려준 네 단계를 이용해서 여러분이 받은 평가와 충고에 반응해 보기로 해요. 자신이 받은 평가와 충고를 자세히 적어 보세요.

1. ⟨1단계⟩ 자신이 받은 평가와 충고에 대해 곰곰이 생각하세요.

    ✎

    ----

2. ⟨2단계⟩ 자신이 받은 평가와 충고를 요약해서 적으세요.

    ✎

    ----

3. ⟨3단계⟩ 평가와 충고를 해준 사람을 떠올리세요. 그 사람에게 감사의 글을 쓰세요.

    ✎

    ----

4. ⟨4단계⟩ 자신이 받은 평가와 충고를 어떻게 활용할지 자세히 적으세요.

    ✎

노력은 성장의 어머니

여러분이 계속해서 성장하길 바란다면, 스스로 성장형 사고방식을 키우고 뭔가를 달성하도록 노력해야 해요. 어떤 일을 제대로 하기 위해서는 꾸준한 노력이 필요하니까요.

여러분이 처음으로 글 읽기를 배울 때를 떠올려 보세요. 어느 날 갑자기 책 한 권을 읽을 수 있게 되었나요? 누구도 그럴 수는 없어요. 아마도 여러분은 다른 사람이 읽어주는 이야기 듣기, 글자가 내는 소리 익히기, 낱말 읽기, 낱말을 사용하여 짧은 문장 만들기, 짧은 문장 읽기, 여러 개의 문장을 읽고 중요한 낱말 찾기, 이야기책 읽고 줄거리 말하기 등, 여러 과정을 거쳤을 거예요.

지금 이 책을 술술 읽는 여러분은 글 읽기를 위해 노력해 온 자신을 마음껏 칭찬해도 괜찮아요. 만약에 여러분이 글 읽기를 배우다가 힘들어서 포기했다면 어떻게 됐을까요?

글 읽기를 배울 때와 마찬가지로 누구라도 처음부터 새로운 일을 잘할 수는 없어요. 새로운 일은 이런저런 실수를 하면서 배우고 익혀가는 거니까요. 만약 여러분에게 성장형 사고방식이 없었다면 실수를 거듭하다가 그냥 포기했을지도 몰라요.

제1장에서 살펴보았듯이 성장형 사고방식은 새로운 일을 하거나 어려운 목표를 달성하는 데 큰 영향을 끼쳐요. 이 성장형 사고방식은 저절로 생기지 않아요. 어렵고 힘든 과정이 있더라도 인내심을 가지고 조금씩 도전을 이겨낼 때, 여러분의 사고방식이 성장형으로 자랄 수 있어요.

새로운 문제와 맞닥뜨리는 게 두렵나요? 문제 해결자가 되는 게 불가능하다고 생각하나요? 절대 그렇지 않아요. 여러분이 조금만 용기를 낸다면 여러분의 뇌는 새로운 문제를 해결할 준비를 할 거예요.

여러분의 뇌를 믿고 새로운 문제를 해결하려고 노력하다 보면 여러분의 사고방식은 성장형으로 자랄 것이고, 어느새 여러분은 훌륭한 문제 해결자가 될 거라고 확신해요.

잘못한 일보다 잘한 일을 먼저 떠올릴 거야!

사람이라면 누구든지 실수나 잘못을 저지르기 마련이에요. 당연히 여러분도 실수나 잘못을 하며 자랐을 거예요. 그런데 여러분이 잘한 일보다 잘못한 일을 먼저 떠올리고 자신을 원망하거나 자신에게 실망한다면, 여러분의 기분은 어떨까요?

여러분의 성장을 위해서 무엇보다 중요한 것은 자신이 잘한 일을 떠올리고 자신을 자랑스럽게 여기는 일이에요. 여러분이 어떤 일을 잘했을 때 얼마나 기쁨을 느꼈는지 생각해 보세요. 지금도 기쁨으로 가슴이 떨리지 않나요?

다음 표에 여러분이 잘한 일을 다음 예시와 같이 적어 보세요. 그리고 뿌듯함을 느껴 보세요.

✏️ (예시) 어제 나는 친구에게 연필을 빌려주었어. 착한 일을 한 것 같아서 기분이 좋아.

✏️

✏️

✏️

✏️

✏️

미로 찾기를 통해 길을 찾아가요!

1. 연필을 쥐고 ①번 미로를 따라가면서 선을 그으세요.

   지우개는 사용하지 않아요. 길이 막히면 중단하세요. 그리고 ②번으로 넘어가세요.

①

②

2. 길이 막혔나요? ②번 미로에서 처음부터 다시 시작하세요.

   두 번째 미로에서 길을 잘 찾아 통과했나요? 누구나 한 번 만에 통과하기는 어려워요. 하지만 다른 방향을 찾고 고민하면 미로를 빠져나오는 게 점점 더 쉬울 거에요. 다음 장에서는 조금 더 어려운 미로 찾기를 해볼 거에요.

3. 이번에는 조금 더 난이도가 있는 복잡한 미로 찾기를 시도해볼 거에요.

앞에서와 마찬가지로 ①번 미로에서는 지우개를 사용하지 않고 미로를 따라가면서 선을 그으세요. 길이 막히면 중단하고 ②번 미로로 넘어가세요. 그래도 길이 막히면 ③번으로 넘어가세요.

①

②

③

여러분은 막히지 않고 한 번에 미로를 통과했나요? 사실 한 번 만에 통과하기 어려워요. 하지만 ①, ②, ③을 거치면서 미로를 빠져나오는 게 점점 더 쉬워졌을 거예요.

중요한 것은 아무리 어려운 문제라도 이 미로 찾기처럼 여러 번 반복해서 시도하다 보면 어느새 문제 해결이라는 목적지에 도달한다는 사실이에요.

도전을 사랑하는 마음 키우기

앞에서 사람의 뇌는 믿을 수 없을 정도로 많은 것을 할 수 있다고 했어요. 이런 여러분의 뇌를 배우고 성장하는 데 사용한다면, 즉 여러분이 성장형 사고방식을 키워간다면 여러분 앞에 불가능한 일이란 없어요.

무한한 가능성의 뇌를 활용하며 도전과 배움을 사랑할 때 여러분의 꿈이나 목표는 이루어질 수 있어요. 물론 막상 여러 가지 문제나 도전에 부딪히면 좌절감을 느끼고 포기하고 싶은 마음이 들 수도 있어요. 하지만 걱정하지 마세요. 도전하려는 마음만 있다면 여러분은 도전과 배움을 온전히 받아들이고 이를 성장의 기회로 삼을 수 있으니까요.

▶ 도전과 배움을 성장의 기회로 삼으려면?

· 어렵고 도전적인 일을 피하지 마세요

어려운 일을 피하면 피할수록 여러분의 성장 기회는 줄어들기 마련이에요. 잘못이나 실수를 하더라도 이를 통해 뭔가를 배우는 것이 아무것도 하지 않는 것보다 훨씬 더 나은 결과를 가져와요.

· 긍정적으로 생각하세요

약점이 있다고 해서 자기 자신을 못난 사람으로 여기는 것은 성장에 아무런 도움이 되질 않아요. 여러분의 약점은 성장을 위한 발판이 될 수 있어요. 자신의 약점보다는 강점을 먼저 떠올려 보세요.

- **할 수 있다는 믿음을 가지세요**

  여러분이 어떤 문제와 맞닥뜨렸을 때, 그 문제를 해결할 수 있다는 믿음이 무엇보다 중요해요. 이러한 믿음은 문제를 해결하려는 여러분의 의지를 강하게 해요.

- **가장 알맞은 방법을 선택하세요**

  뭔가를 배우는 방법은 사람에 따라 다를 수 있어요. 책을 통해 배울 수도 있고, 경험을 통해 배울 수도 있어요. 또 주변 사람의 말과 행동을 통해 배울 수도 있어요. 뭔가를 배울 때는 자신에게 알맞은 방법을 찾으세요. 알맞은 방법이 가장 좋은 결과를 낳을 수 있어요.

- **열심히 노력한 자기 자신을 자랑스럽게 여기세요**

  새로운 일을 시도하거나 어려움을 이겨내는 건 쉬운 일이 아니에요. 어떤 일을 성공적으로 했을 때 가장 먼저 자기 자신을 칭찬하고 자랑스럽게 여기세요.

☺ 앞으로는 이렇게 할 거야

– 해결해야 할 문제와 맞닥뜨렸을 때

"나에게 주어진 문제는 장애물이 아니라 성장하는 데 필요한 도전일 뿐이야. 지금까지 나는 수학을 골치 아픈 과목으로 생각했어. 하지만 앞으로 나는 수학을 흥미로운 도전이라고 생각할 거야."

해결하고 싶은 도전적 과제는 무엇일까?

　해결하고 싶은 도전 과제가 무엇인지를 아는 것은 아주 중요해요. 해결하고 싶은 과제가 무엇인지를 알면 해결 방법도 떠오르기 마련이에요.

　다음 표의 도전 과제 중에서 여러분이 해결하고 싶은 것(또는 잘하고 싶은 것)을 모두 골라 동그라미를 치세요.

책 읽기	협동하기	노래 부르기
자기 통제하기	글쓰기	친구와 사이좋게 지내기
그림 그리기	경청하기	학교 규칙 따르기
과학 공부하기	수학 공부하기	시간 약속 지키기
친구 사귀기	춤추기	운동하기
악기 연주하기	여러 사람 앞에서 발표하기	집중하기
컴퓨터 다루기	문제 해결하기	노트 필기하기

1. 동그라미 친 것 중에서 하나를 선택하세요. 그리고 그 일을 시작하기에 앞서 어떤 준비가 필요할지 적어 보세요.

2. 무언가 잘하기 위해서는 실패와 시련이 따르기 마련인데요. 어떤 실패와 시련이 따를지 상상해 보고 그 시련을 이겨내기 위해서 어떤 노력을 해야 할지 적어보세요.

존경하는 인물 떠올리기

　TV나 영화를 통해서 알았든 책을 통해서 알았든, 여러분이 존경하는 인물을 떠올려 보세요. 아마도 이들은 해결해야 할 문제와 맞닥뜨렸을 때 피하지 않고 도전하려는 마음을 가졌을 거예요. 이들의 어떤 도전적인 말과 행동이 여러분의 마음을 움직였나요?
　다음 그 인물에 대한 물음에 사실대로 적어 보세요.

1. 여러분이 가장 존경하는 인물은 누구인가요?

----

2. 그 인물은 어떤 문제와 맞닥뜨렸나요?

----

3. 그 인물은 어떻게 문제를 해결했나요?

---

4. 그 인물로부터 본받고 싶은 점은 무엇인가요?

---

5. 그 인물에게 필요하다고 생각하는 선물을 그려보세요.

싫어하는 것과 정면으로 맞서기

여러분이 싫어하거나 두려워하는 과목을 떠올려 보세요. 그리고 아래의 물음에 답을 하면서 그 과목과 정면으로 맞서는 마음을 가져 보세요.

1. 싫어하거나 두려워하는 과목은 무엇인가요?

   ✏️

   ----

2. 이 과목을 싫어하거나 두려워하는 이유는 무엇인가요?

   ✏️

   ----

3. 이유를 해결하려면 어떤 방법이 있을까요?

   ✏️

   ----

4. 이 과목의 공부를 통해 얻는 장점은 무엇이 있을까요?

✏️

----

5. 내가 만약 이 과목을 공부하지 않으면 앞으로 어떤 어려움이 발생할까요?

✏️

----

6. 이 과목과 친해지고 좋아지려면 나의 어떤 노력이 필요할까요?

✏️

"뭔가를 싫어하면 싫어할수록, 두려워하면 두려워할수록, 회피하면 회피할수록, 내 마음은 점점 더 힘들어져요"라는 말을 꼭 기억하세요.

'아직은'이라는 말이 지닌 엄청난 힘

"난 중간에 쉬지 않고서는 1,000m를 달릴 수 없어."
"난 아직은 중간에 쉬지 않고서는 1,000m를 달릴 수 없어."

이 두 문장을 읽어 보세요. 무엇이 다른가요? 성장형 사고방식을 나타내는 글은 어느 쪽인가요? 이 두 문장은 '아직은'이라는 낱말을 빼면 똑같아요. 하지만 두 문장이 주는 느낌은 매우 달라요. '아직은'이라는 낱말 하나가 문장 전체의 의미를 바꾸고 있어요.

만약 누군가가 "난 중간에 쉬지 않고서는 1,000m를 달릴 수 없어"라고 말한다면, 이 말에는 '할 수 없다는 믿음' 또는 '고착형 사고방식'이 포함되어 있어요. 이렇게 자기를 가두는 부정적인 생각과 말을 하면 할수록 그 사람의 성장은 미루어질 수밖에 없어요.

다른 누군가는 "난 아직은 중간에 쉬지 않고서는 1,000m를 달릴 수 없어"라고 말한다면, 이 말에는 '앞으로 할 수 있다는 믿음' 또는 '성장형 사고방식'이 포함되어 있어요. 이렇게 가능성을 담은 긍정적인 생각과 말은 하면 할수록 그 사람의 성장을 앞당기게 해요.

걸음마를 배우는 아기를 생각해 보세요. 만약 아기가 넘어져서 일어나지 않는다면 또는 넘어지는 게 두려워서 걸음마를 시도하지 않는다면, 아기는 걸을 수 있을까요? 여러분도 마찬가지예요. 만약 실수하는 게 두려워서 아무것도 시도하지 않는다면, 또는 실수하고 나서 그 실수를 만회하려고 노력하지 않는다면, 여러분은 무엇을 이룰 수 있을까요?

혹시 여러분이 "난 할 수 없어" 또는 "난 어떻게 하는지 몰라"라고 말하고 싶을 때, 그 말 사이에 '아직은'이라는 낱말을 넣어 보세요.

"난 아직은 할 수 없어."
"난 아직은 어떻게 하는지 몰라."

'아직은'이라는 낱말 속에는 아무리 어려운 일이라도 계속 노력할 것이라는 의지와 그 일을 할 수 있다는 믿음이 포함되어 있어요. 여러분이 '아직은'이라는 낱말을 사용하면서 앞으로의 실천 의지를 보이면 보일수록 여러분의 사고방식은 얼마든지 성장형으로 발달할 수 있어요.

☺ 앞으로는 이렇게 할 거야

- 하기 어려운 일이 닥쳤을 때

"그 일을 할 수 없다는 말 대신에 아직은 그 일을 할 수 없다고 말할 거야. '아직은'이라는 낱말 속에는 계속 노력하겠다는 의미가 포함되어 있단 말이야."

아직은 할 수 없으나
앞으로 할 수 있는 일로 만들 거야!

1. '아직은'이 붙지 않는 당장 여러분이 자신 있게 할 수 있는 일을 세 가지 적어 보세요.

   ✎ _____

   ✎ _____

   ✎ _____

2. '아직은'이라는 낱말을 꼭 넣어 아직은 내가 할 수 없는 일을 세 가지 적고 앞으로 할 수 있는 일로 만들기 위해 어떤 노력을 해야 할지도 같이 적어 보세요.

   (예시) 난 아직은 축구공을 능숙하게 다룰 수 없어.
   → 매일 20분씩 드리블 연습을 할 거야.

   ① 난 아직은 _____

   ✎ _____

   ② 난 아직은 _____

   ✎ _____

   ③ 난 아직은 _____

   ✎ _____

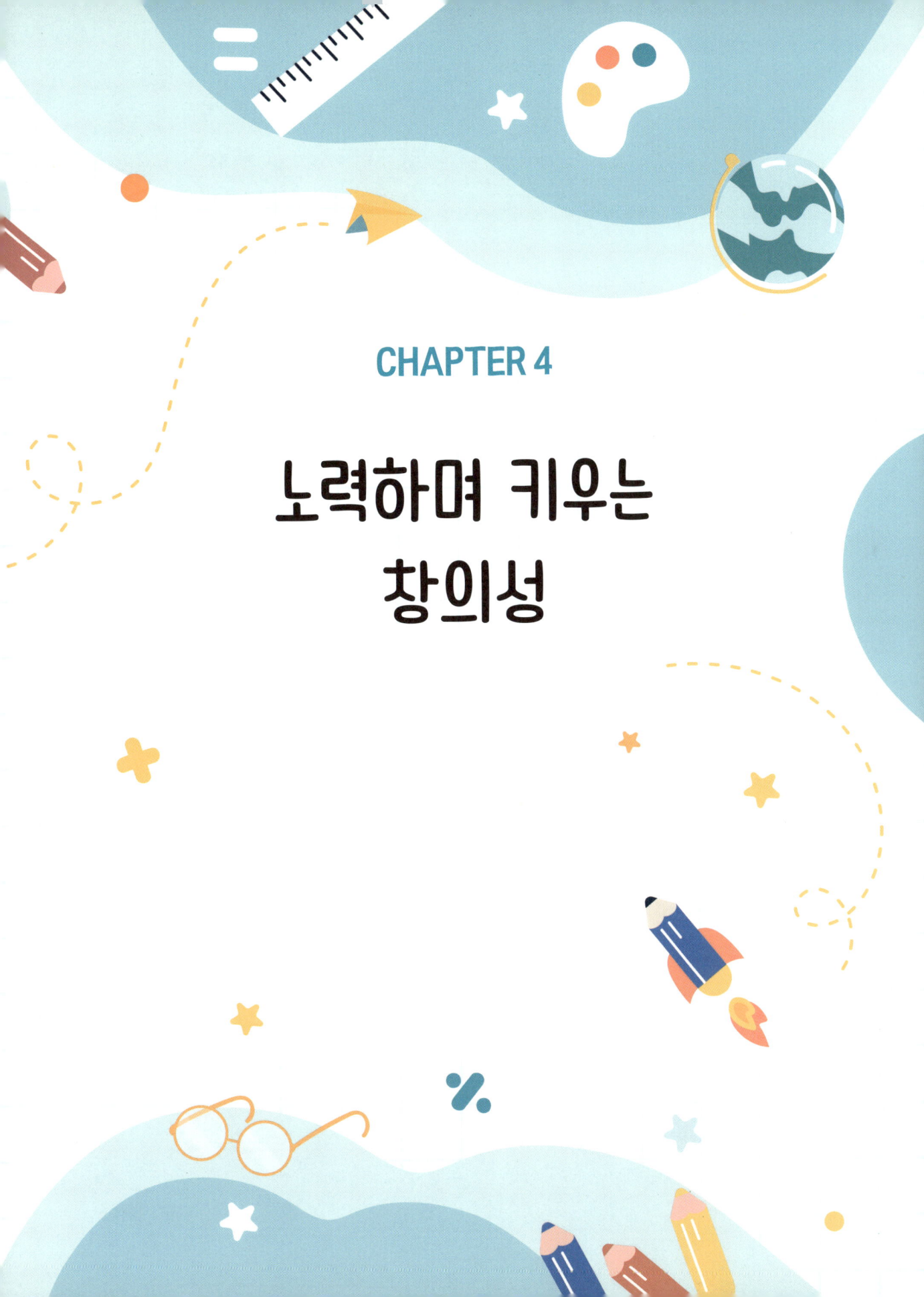

문제를 해결하거나 어려움을 이겨내는 데는 꾸준한 노력과 더불어 창의성이 필요해요. 만약 어떤 일을 이루기 위해 꾸준한 노력과 더불어 창의성을 발휘한다면, 아마도 여러분은 생각지도 못한 놀라운 결과를 만날 수 있어요.

이번 장에서 여러분은 자신의 머리에 창의성이라는 모자를 쓰는 데 도움이 되는 방법을 배울 거예요.

- 창의성이란 무엇인가?
- 창의성을 발휘하면 좋은 점
- 창의성을 기르는 데 도움이 되는 활동
- 목표 달성을 위한 창의적인 계획 세우기

여러분이 조금만 다르게 생각하고 조금만 더 노력한다면, 얼마나 멋진 일이 생길 수 있는지 상상해 보세요.

창의성을 기르려면 어떻게 해야 할까?

　창의성 또는 창의력은 주변 사물이나 현상을 새로운 눈으로 보고 다르게 생각하는 능력이에요. 보통 창의성이라는 말을 들으면 '예술가'를 떠올리는데 여러분도 그럴 거예요. 예술작품이 탄생하려면 창의성이 발휘되어야 하니 예술가야말로 창의성이 뛰어난 사람들이긴 해요. 그렇다고 여러분이 창의성을 발휘하기 위해 예술가가 될 필요는 없어요.

　사실 창의성은 여러분이 생활하는 곳곳에서 발휘할 수 있어요. 알아차리지 못할 뿐이지, 여러분은 이미 생활 속에서 창의성을 발휘하고 있을 거예요. 여러분 중에서 누군가는 의도적으로 창의성을 기르려고 노력하고 있을지도 몰라요.

🚩 창의성을 기르는 방법

- **질문을 많이 하세요**

무언가 궁금한 점이 있으면 주저하지 말고 물어보세요. 호기심은 창의성의 시작이에요.

- **새로운 것을 시도하세요**

새로운 것을 시도하거나 새로운 경험을 하는 순간, 여러분의 뇌는 창의성이라는 에너지를 만들려고 준비해요.

- **열린 마음을 가지세요**

문제를 해결하는 방법에는 여러 가지가 있어요. 창의성은 문제 해결을 위한 수많은 가능성을 발견하는 것을 의미해요.

- **다른 사람의 생각을 이해하세요**

다른 사람의 생각이나 해결 방법을 이해할 때, 여러분은 좀 더 쉽게 새로운 생각이나 방법을 찾을 수 있어요. 새로운 것이 어느 날 갑자기 생기진 않아요.

- **소소한 활동을 색다르게 해보세요**

그림 그리기, 글쓰기, 장난감 만들기, 걷기 등과 같은 활동을 평소와는 다른 방법으로 해보세요. 치약으로 그림을 그려 볼까, 누워서 눈을 감고 글을 써 볼까, 한 발로 걸어 볼까 등과 같은 생각이 바로 창의적인 생각으로 이어지니까요.

- **생각 기록장을 마련하세요**

  새로운 생각이 떠오를 때마다 그것을 기록하세요. 나중에 새로운 일을 시도할 때 생각 기록장을 살펴보면 도움이 될 거예요.

- **놀이를 즐기세요**

  놀이를 즐기거나 놀이에 몰입하면 상상력과 창의성이라는 에너지가 생길 수 있어요.

그 밖의 여러분이 생각하는 창의성을 기르는 방법을 생각나는 대로 적어보세요.

✏ --

✏ --

✏ --

✏ --

✏ --

여러분이 창의성을 발휘한 적이 있는지를 알고 싶다면 다음의 사례를 살펴보세요. 이 중에서 어느 하나라도 자신에게 해당하면 창의성을 발휘한 경험이 있는 거예요.

- 장난감을 분해했다가 다시 조립하기
- 과학 발명품 만들기
- 생활에 필요한 새로운 물건 생각해 내기
- 30년 후의 내 모습 상상하기
- 주어진 과제를 새로운 방식으로 해결하기
- 생활 속에서 불편한 점 찾기
- 노래 가사를 재미있게 바꾸기
- 놀이 규칙을 바꾸어서 놀이하기
- 재미있는 별명 만들기

'상식 밖의 생각', '새로운 생각', '창의력', '창의적인 사고', '고정관념 깨기' 등과 같은 말을 들어 봤겠죠? 이런 말들은 '창의성'의 또 다른 표현이라고 할 수 있어요. 창의성은 여러분이 다양한 방식으로 문제를 해결하거나 새로운 뭔가를 발견하는 데 큰 도움이 될 수 있어요.

창의성은 또한 성장형 사고방식과 관련이 있어요. 생활 속에서 창의성을 발휘하면 할수록 여러분의 사고방식은 성장형으로 발달할 수 있어요. 성장형 사고방식을 지닌 사람은 어려운 문제를 만날 때마다 그 문제를 해결하려고 창의성을 발휘하려고 해요. 하지만 고착형 사고방식을 지닌 사람은 창의성을 발휘해 문제를 해결하려고 하기보다 포기하려는 마음이 앞서요.

미완성 그림 완성하기

   다음에 나오는 세 장의 그림 카드를 잘 살펴보세요. 각각의 카드에 그림이 그려져 있어요. 하지만 전체적으로 완성되지 않은 그림이에요.
   자신만의 창의성과 상상력을 발휘해서 그림을 멋지게 완성해 보세요.

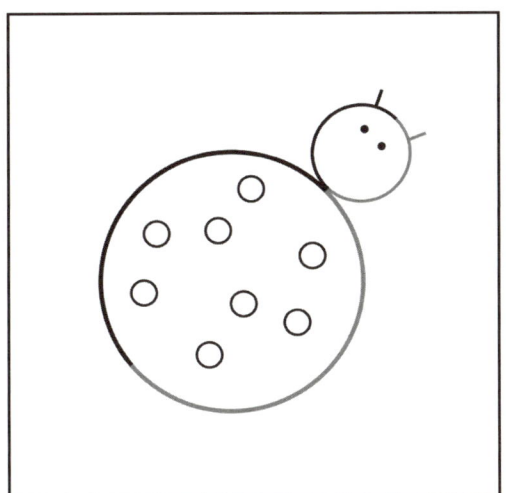
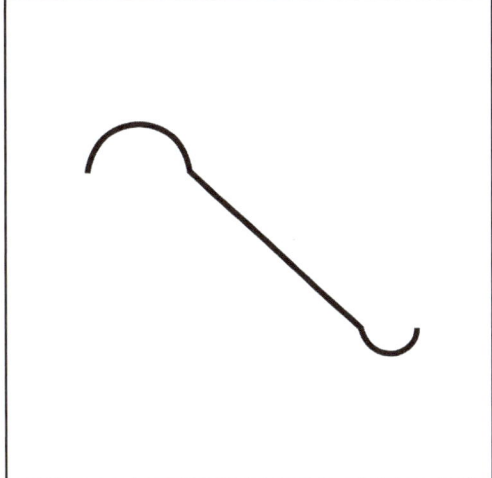
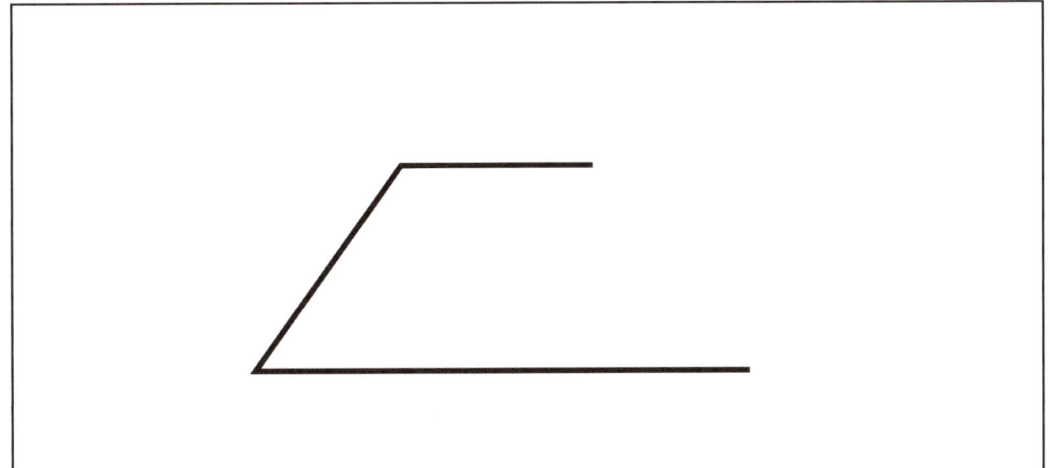

물건의 쓰임새를 새롭게 하기

오른쪽 그림은 스윙용 타이어예요. 창의적인 누군가가 자동차 타이어의 쓰임새를 줄로 매달아 걸고 '야구 선수 타격 연습용'으로 바꾸어 놓은 거예요.

타이어의 쓰임을 바꾼 것처럼 다음 다섯 가지 물건의 쓰임새를 살펴보세요. 그다음 창의성과 상상력을 발휘해서 그 물건의 쓰임새를 새롭게 바꾸어 보세요.

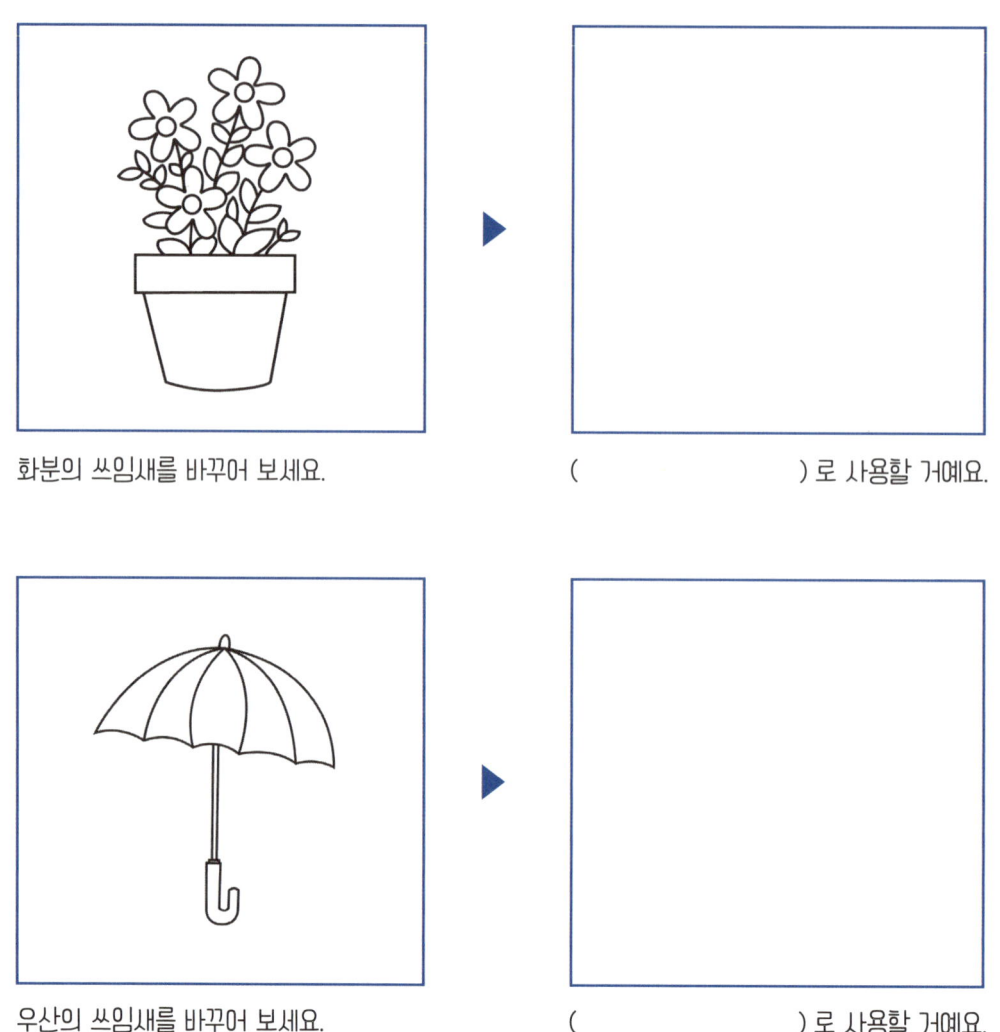

화분의 쓰임새를 바꾸어 보세요. ( ) 로 사용할 거예요.

우산의 쓰임새를 바꾸어 보세요. ( ) 로 사용할 거예요.

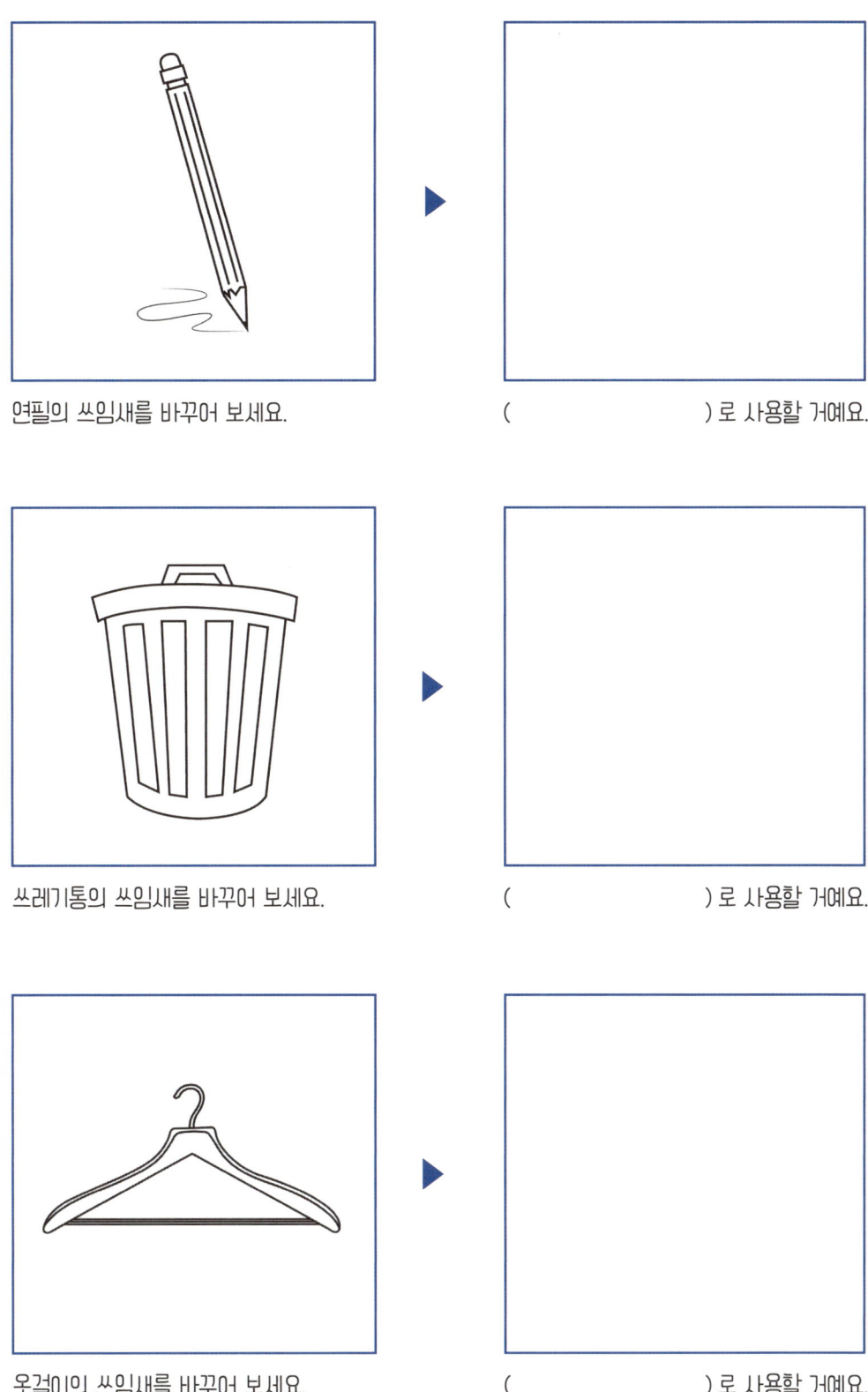

연필의 쓰임새를 바꾸어 보세요.　　(　　　　　　)로 사용할 거예요.

쓰레기통의 쓰임새를 바꾸어 보세요.　　(　　　　　　)로 사용할 거예요.

옷걸이의 쓰임새를 바꾸어 보세요.　　(　　　　　　)로 사용할 거예요.

생활 속의 문제를 기발한 방법으로 해결하기

다음에는 여러분이 해결해야 할 생활 속 문제가 나와 있어요. 각각의 문제에는 문제 해결에 필요한 세 가지 물건이 나와 있어요. 이 물건들을 기발하게 사용해서 문제를 해결해 보세요.

1. 〈문제 1〉 집 안에 모아 둔 쓰레기 더미를 집 밖의 쓰레기 수거함으로 옮기기 위해 '스케이트보드, 세탁 바구니, 줄넘기'를 어떻게 사용하면 좋을까요?

2. 〈문제 2〉 지붕 위에 갇힌 고양이를 구하기 위해 '양동이, 트램펄린, 실뭉치'를 어떻게 사용하면 좋을까요?

3. <문제 3> '쓰레기통, 나무 막대, 유리구슬'을 사용해서 어떤 놀이를 할 수 있을까요?

✏️

----

3. <문제 4> 친척 동생이 기차 안에서 연극놀이를 하며 놀아달라고 조릅니다. 그런데 가지고 있는 물건은 물병, 치약, 칫솔, 휴지, 껌뿐입니다. 이것을 사용해서 어떤 연극놀이를 할 수 있을까요?

✏️

반복해서 연습하는 건 참 중요한 일이야!

초등학교 4학년인 태수는 3학년 때 곱셈 구구단을 잘 외우지 못해서 수학 공부가 어렵기만 했어요. 다행히도 태수는 구구단을 외우는 게 중요하다는 걸 깨닫고 3학년을 마치기 한 달 전쯤부터 매일 15분씩 구구단 외우기를 했어요. 그 결과 지금 태수는 곱셈 구구단을 활용해서 곱셈 문제를 능숙하게 풀 수 있어요.

초등학교 5학년인 예진이는 사회 시간에 학급의 아이들 앞에서 과제를 발표하기로 되어 있었어요. 예진이 발표일이 일주일 앞으로 다가오자 그때부터 긴장되고 걱정이 커졌어요. 이를 본 예진이 엄마는 "너무 걱정할 거 없다. 일주일간 매일 반복해서 발표 연습을 해보렴. 실제로 발표할 때 마음이 편안해질 거야"라고 말해 주었어요. 예진이는 엄마의 조언대로 매일 20분씩 발표 연습을 했어요. 연습한 덕분에 예진이는 아이들 앞에서 발표를 잘할 수 있었어요.

태수와 예진이는 이런 경험을 하고 반복 연습이 얼마나 중요한지를 알았어요. 만약 여러분이 컴퍼스로 원을 정확하게 그리고 싶다면, 원 그리기 연습을 반복해 보세요. 연습을 계속하다 보면 원을 정확하게 그리고 있는 자신을 발견하게 될 거예요. 새로운 기술을 익히기 위해 연습을 하면 할수록 여러분의 뇌는 새로운 기술을 온전히 받아들이는 쪽으로 작용한다는 사실, 잊지 마세요!

🚩 연습을 어떻게 하면 좋을까?

- **짧은 시간 동안 집중적으로 연습하세요**

만약 새로운 기술을 익히기 위해 한 번에 긴 시간 동안 연습하면, 여러분의 몸과 뇌는 쉽게 지치고 연습의 효과도 떨어져요. 짧은 시간 동안 집중적으로 연습하는 게 좋아요.

- **자주 반복해서 연습하세요**

만약 새로운 기술을 익히기 위해 한두 번씩만 연습하면, 여러분의 뇌는 새로운 기술을 온전히 받아들이기 힘들어요. 가능하면 자주 반복해서 연습하는 게 좋아요. 일정표를 만들어서 규칙적인 연습을 해보세요.

- **조금씩 나누어서 연습하세요**

새로운 기술을 익히기 위해 한꺼번에 연습하면, 수박 겉핥기식 연습이 될 수 있어요. 익혀야 할 기술을 여러 단계로 나누어서 한 단계씩 착실히 연습하세요. 곱셈 구구단 외우기 연습을 한다면, 1단부터 9단까지 한꺼번에 외우려고 하지 말고, 1단을 완전히 외우면 2단을 외우고, 2단을 완전히 외우면 3단을 외우고…, 이런 식으로 연습하는 게 좋아요.

- **올바르게 연습하세요**

새로운 기술을 익히기 위해 자신이 올바르게 연습하고 있는지 확인해 보세요. 만약 잘못된 방식으로 계속 연습하면, 나중에 그 잘못된 방식을 고치기가 매우 어려워져요.

- **즐겁게 연습하세요**

새로운 기술을 익히기 위해 즐겁게 연습하고 있는지 확인해 보세요. 즐겁게 연습하면 할수록 연습 효과는 더욱더 커져요. 창의성을 발휘해서 연습을 즐겁게 하는 방법을 찾아보세요.

똑같은 그림을 반복해서 그리기

사람이라면 누구나 어떤 일을 반복해서 하다 보면 그 일에 능숙해지기 마련이에요. 물론 여러분도 마찬가지예요.

1. 오른쪽에 있는 돼지 그림을 잘 살펴보고 나서, 다음 첫 번째 네모 칸에 돼지 그림을 그리세요. 완벽하게 그릴 필요는 없어요. 지우개를 사용하지 않고 한 번에 그려 보세요.

2. 다시 돼지 그림을 잘 살펴보고 나서, 두 번째 네모 칸에도 돼지 그림을 그리세요. 마찬가지로 지우개는 사용하지 않아요.

3. 또다시 돼지 그림을 잘 살펴보고 나서, 세 번째 칸 역시 지우개 사용 없이 돼지 그림을 그리세요. 완벽하게 그릴 필요는 없어요. 정성을 다해 그리면 돼요.

4. 여러분이 그린 그림을 감상해 보세요. 첫 번째 그림보다는 두 번째 그림, 두 번째 그림보다는 세 번째 그림이 훨씬 더 좋아 보이지 않나요? 이것이 바로 연습의 효과예요.

연습을 소홀히 하는 친구에게 조언하기

새로운 기술을 익히는 데 필요한 연습을 소홀히 하는 친구가 있다고 가정해 보세요. 그리고 하나의 주제를 정해 여러분이 연습과 반복의 과정을 통해 능숙하게 변화했던 모습을 떠올리며 친구에게 다음과 같은 방식으로 조언해 보세요. (예시: 줄넘기, 자전거, 피아노, 태권도 등)

1. 친구야, 새로운 기술을 익히기 위해서는 꾸준히 연습해야 해. 연습이 왜 중요한지를 자세히 설명해 줄 테니 꼭 읽어!

   ✎ _____
   _____
   _____
   _____

2. 친구야, 연습을 잘하는 방법이 있어. 이런 방법으로 연습해 봐.

   ✎ _____
   _____
   _____
   _____

3. 친구야, 꾸준히 연습해서 새로운 기술을 익혔던 나의 경험을 말해 줄게.

✏️

----

4. 앞으로 너도 나처럼 꾸준히 연습하면 네가 잘하고 싶은 것을 잘할 수 있을 거야! 잘하고 싶은 것 세 가지만 적어보자.

✏️

어떤 일을 잘하기 위해선 계획을 단계별로 세워야 해!

프랑스 작가인 앙투안 드 생텍쥐페리(Antoine de Saint-Exupéry)는 "계획 없는 목표는 그저 소망일 뿐이야." 라고 말했어요. 이 말은 뭔가를 이루기 위해선 계획이 얼마나 중요한지를 알려 주고 있어요. 계획을 세운다는 것은 목표를 향해 나아갈 수 있도록 징검다리를 만드는 것과 다름없어요.

여러분이 새로운 목표를 달성하려고 했을 때, 또는 새로운 문제를 해결하려고 했을 때, 어떤 기분이 들었나요? 목표 달성이라는 말과 문제 해결이라는 말이 주는 무게감 때문에 약간의 두려움이나 부담감을 느꼈을지도 몰라요. 하지만 여러분이 목표에 이르기 위해 꼼꼼하게 단계적으로 계획을 세울 수 있다면, 이러한 두려움이나 부담감은 사라져요.

'성장초등학교' 5학년 담임 교사인 한 선생님을 예로 들어볼게요. 그 선생님은 자신의 반 모든 학생이 1,000m를 7분 안에 달리길 바랐어요. 처음엔 학생들 대부분이 겁을 먹고 엄두도 내지 못했어요. 하지만 시간이 지남에 따라 학생들은 조금씩 조금씩 목표(7분 안에 1,000m를 달리는 것)에 가까워지게 되었어요. 그 이유는 무엇일까요? 그 선생님이 세운 다음 계획을 살펴보면 알 수 있어요.

- 1단계: 1,000m 걷기
- 2단계: 250m 걷기 → 250m 달리기 → 250m 걷기 → 250m 달리기
- 3단계: 500m 걷기 → 500m 달리기
- 4단계: 250m 걷기 → 750m 달리기
- 5단계: 11분 안에 1,000m 달리기
- 6단계: 9분 안에 1,000m 달리기
- 7단계: 7분 안에 1,000m 달리기

학생들은 1단계부터 7단계까지 차근차근 단계별로 연습했어요. 한 단계씩 한 단계씩 거치면서 자기도 모르는 사이에 7단계에 도달하게 된 거예요. 만약 선생님이 학생들에게 7단계를 바로 적용했다면 어땠을까요? 아마도 학생들은 좌절감을 느끼고 포기했을지도 몰라요.

☺ 앞으로는 이렇게 할 거야

- 달성하고 싶은 목표가 있다면

"목표를 이루기 위해선 작은 한 걸음이 중요해. 그리고 목표에 도달하기 위한 계획을 단계별로 세울 거야. 너무 느리지도 않고 너무 빠르지도 않게 적당한 속도로 목표에 다가갈 거야."

계획을 세우기 전에 무엇을 생각해야 할까?

　여러분은 목표를 달성하기 위한 계획을 세우기 전에 목표와 관련된 것들을 두루두루 생각해 볼 필요가 있어요. 그랬을 때 목표 달성이 쉬워지니까요.
　다음에 나오는 계획을 세우기 전 생각해야 할 것들에 대한 물음에 솔직하게 답해 보세요.

・내가 꼭 달성하고 싶은 목표는 무엇일까?

✏️ --

・내가 이 목표를 달성해야만 하는 이유는 무엇일까?

✏️ --

・내가 이 목표를 달성하지 못한다면 무슨 일이 생길까?

✏️ --

・내가 이 목표를 달성하기 위해 가장 먼저 무슨 일을 해야 할까?

✏️ --

- 내가 이 목표를 달성하기 위해 누구의 도움을 받으면 좋을까?

  ✏️ --

- 내가 이 목표를 달성하는 데 필요한 시간은 얼마일까?

  ✏️ --

- 이 목표를 달성하는 데 도움이 되는 나의 경험은 무엇일까?

  ✏️ --

- 내가 이전에 달성한 목표는 무엇일까?

  ✏️ --

단계별로 계획 세우기

다음에는 여러분이 해결해야 할 문제가 네 가지 나와 있어요. 각각의 문제를 해결하기 위해 단계별로 계획을 세워 보세요.

1. 〈문제 1〉 3주 후에 리코더 발표회가 있어요. 나는 발표회에서 세 곡을 연주해야 해요. 성공적인 연주를 위해 어떻게 계획을 세워야 할까요?

- 1단계:

- 2단계:

- 3단계:

- 4단계:

- 5단계:
  ----

2. 〈문제 2〉 사회 숙제는 '어린이의 안전을 위협하는 요소와 그 해결 방안'을 찾아서 보고서를 작성하는 거예요. 숙제를 잘 마치려면 어떻게 계획을 세워야 할까요?

- 1단계:

- 2단계:

- 3단계:

- 4단계:

- 5단계:
  ----

3. 〈문제 3〉 체육 숙제는 윷놀이 도구를 살펴보고 윷놀이하는 방법을 익히는 거예요. 숙제를 잘하려면 어떻게 계획을 세우면 좋을까요?

- 1단계:

- 2단계:

- 3단계:

- 4단계:

- 5단계:
  ------

4. 〈문제 4〉 가장 친한 친구와 심하게 다투었어요. 그 친구와 다시 친하게 지내려면 어떻게 계획을 세우면 좋을까요?

- 1단계:

- 2단계:

- 3단계:

- 4단계:

- 5단계:

순간의 모면이 아닌 완전한 해결책 찾기

어떤 문제를 해결할 때, 그 해결책이 해결에 다가서는 제대로 된 방법인지, 순간만 모면하는 임시방편인지를 따져보는 것은 아주 중요해요. 두말할 것도 없이 제대로 된 해결책은 문제를 완전히 해결하는 데 도움을 주지만, 임시방편은 일시적일 뿐이며 오히려 문제를 숨기는 데 사용되기도 해요.

다음에는 여덟 가지 해결책이 나와 있고 각각의 해결책 왼쪽에 밴드 그림이 있어요. 먼저 각각의 해결책을 잘 살펴보세요. 그리고 그 해결책이 제대로 된 방법이라고 생각되면 밴드에 녹색을 칠하고, 그 해결책이 임시방편이라고 생각되면 밴드에 빨간색을 칠하세요.

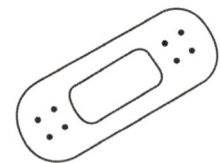
나는 누나가 가장 아끼는 머그잔을 깨뜨렸어. 그래서 누나가 이 사실을 알지 못하도록 깨진 머그잔을 소파 밑에 숨겼어.

나는 학용품을 사야 할 돈으로 과자를 사 먹었어. 부모님이 이 사실을 알지 못하도록 형에게 돈을 빌려서 학용품을 샀어.

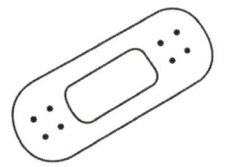
내가 키우는 강아지가 소파를 자주 물어뜯었어. 그래서 강아지가 그렇게 하지 않도록 조련사에게 도움을 요청했어.

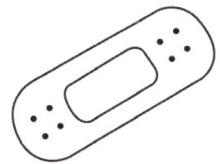
엄마는 나에게 숙제를 다 해야 놀 수 있다고 말했어. 나는 거짓으로 다 했다고 말하고 오후 내내 놀았어.

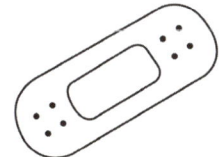
니는 수학 시험에서 50점을 받았어. 나는 수학을 잘하기 위해 매일 수학 학원에서 공부하기로 했어.

치과 의사는 나에게 과자를 많이 먹어서 충치가 생겼다고 말했어. 나는 충치를 예방하기 위해 과자를 조금만 먹기로 했어.

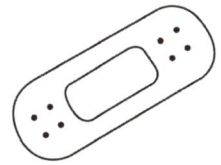
엄마는 나에게 책상 위에 있는 지저분한 물건들을 버리라고 말했어. 나는 귀찮아서 그 물건들을 침대 밑에 숨겼어.

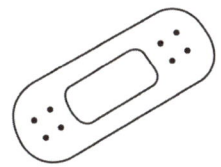
나는 체육 시간에 운동의 중요성에 대해 배웠어. 그래서 나는 매일 30분씩 줄넘기를 하기로 했어.

마음만 먹으면 뭐든 할 수 있어!

성장형 사고방식을 지닌 사람은 대부분 '마음만 먹으면 무엇이든 할 수 있어'라는 믿음이 있어요. 만약 여러분이 '난 할 수 없어'라는 생각이 든다면, 그 즉시 이런 부정적 생각을 버리고 긍정적이고 창의적인 생각을 떠올려 보세요. 긍정적이고 창의적인 생각은 여러분이 어떤 문제를 해결하거나 목표를 달성하는 데 도움이 되는 새로운 방법을 찾게 해주니까요.

어려운 문제를 해결했거나 목표를 달성했을 때 여러분의 기분은 최고였을 거예요. 당연히 축하받을 일이에요. 하지만 여기서 머물고 자만에 빠지면 곤란해요. 지금 여러분은 성장형 사고방식을 키우는 중이기 때문에 지금보다 더 많은 성장을 생각해야만 해요. 여러분 자신에게 다음과 같이 물어보세요.

"다음엔 무엇을 목표로 삼으면 좋을까?"
"지금보다 더 나은 내가 되려면 어떤 노력을 하면 좋을까?"
"지금까지 잘한 일은 무엇일까? 그리고 앞으로 잘해야 할 일은 무엇일까?"

만약 여러분이 "그 일을 해내는 방법은 없어. 내가 하기엔 너무 어려운 일이야"라고 자주 말한다면 자신의 마음가짐이나 사고방식을 되돌아보세요. 여러분이 성장형 사고방식을 키우고 싶다면 "나에게 실망스러운 말을 하지 않을 거야. 그 일을 이루기 위해 창의적이고 긍정적인 생각을 하면서 최대한 노력할 거야. 아무도 나의 배움과 성장을 막을 수는 없어"라고 말해야 해요.

만약 여러분이 수학 시험에서 30점을 받았다면, "수학 시험이 너무 어려웠어.", "난 역시 수학에는 재능이 없어.", "집에서 공부할 때 동생이 내 공부를 방해했어.", "학원에 다니지 않았기 때문이야." 등등의 말을 할지도 몰라요. 하지만 여러분이 다음과 같이 말한다면 어떨까요?

> "수학 시험이 어려운 것도 사실이지만 내 노력이 부족한 것도 사실이야."
> "난 수학에 재능이 없는 게 아니야. 노력만 하면 좋은 점수를 받을 수 있어."
> "학원에 다니는 것만이 최선은 아니야. 집에서도 혼자서 공부할 수 있어."
> "내 동생이 공부를 방해한 게 아니야. 내 집중력이 떨어졌을 뿐이야."
> "어려운 문제가 있으면 선생님이나 친구들에게 물어볼 거야."
> "나에게 딱 맞는 공부 방법을 찾을 거야."

두말할 것도 없이 여러분은 무궁무진한 창의력과 잠재력을 지니고 있어요.

여러분에게는 할 수 없는 100가지 이유를 찾는 게 아니라 할 수 있는 1가지 방법을 찾는 게 무엇보다 중요해요. 어려운 일을 만났을 때 긍정적으로 생각하고 창의력을 발휘해 보세요.

성공의 힘을 키우는 긍정의 말하기

자신에게 긍정적인 말을 하면 할수록 스스로에 대한 긍정적 믿음이 커지는 것처럼, 부정적인 말은 하면 할수록 자신에 대한 부정적 믿음이 커지기 마련이에요. 긍정적인 혼잣말은 자기 자신에게 큰 힘이 될 수 있으나 부정적인 혼잣말은 자기 자신을 해롭게 하는 거죠.

1. 여러분은 어려운 문제를 해결하려고 하거나 목표를 달성하려고 할 때 두려움이나 불안감을 느낄지도 몰라요. 이런 두려움이나 불안감이 생긴다면 다음과 같이 해보세요.

   1. 거울 앞에 당당하게 서세요.
   2. 최대한 사랑의 눈빛으로 자신을 바라보세요.
   3. 꼭 이루고 싶은 꿈을 자신에게 말하세요.
   4. 다음의 긍정적인 말을 자신 있게 하세요.

   ✓ 나는 앞에 놓인 어떠한 어려움도 이겨 낼 수 있어!

   ✓ 나는 목표를 달성하기 위해 최선을 다할 거야!

   ✓ 나는 훌륭한 일을 할 수 있어!

   ✓ 나는 멋진 아이야!

✓ 나는 용감하게 새로운 일을 시도할 거야!

✓ 최선을 다하는 나 자신이 자랑스러워!

✓ 발전을 위해 노력하는 나 자신을 사랑해!

2. 1번부터 4번까지 실천했나요? 실천하고 난 다음의 기분을 적어 보세요.

------

3. 어떤 말이 자신의 기분을 가장 편안하게 만들었나요?

어려운 상황에서도 포기하지 않기!

1. 해리포터 시리즈의 작가인 롤링(J.K. Rowling)은 자신의 그 유명한 책을 쓰기 시작할 당시에 매우 힘든 생활을 했어요. 그녀는 자신의 아기를 제대로 돌볼 수 없을 정도로 가난에 시달리기도 했어요. 그녀는 수많은 출판사에 자신의 원고를 출간해 달라고 요청했으나 매번 거절당했어요. 이때 롤링이 포기했다면 어떻게 됐을까요?

2. 전구를 발명한 토머스 에디슨(Thomas Edison)은 학교에 다닐 때 어려움을 많이 겪었어요. 그를 가르친 교사들은 그의 지능이 부족하다고 말했어요. 그가 어른이 되어서 발명에 매진했을 때에는 수백 번 실패했어요. 이때 토머스 에디슨이 포기했다면 어떻게 됐을까요?

3. 세계에서 유명한 농구 선수인 마이클 조던(Michael Jordan)은 고등학교에 다닐 때 지역 대표 팀에 들어가지 못했어요. 이때 마이클 조던이 포기했다면 어떻게 됐을까요?

CHAPTER 5

목표를 정하라!

지금까지 성장형 사고방식의 힘, 실수가 주는 유익함, 문제 해결에 도움이 되는 여러 실천 방안, 창의성을 기르는 방법 등을 알아보았어요. 눈을 감고 여러분 자신의 모습을 떠올려 보세요. 이 책을 읽기 전보다 '좀 더 자신감 있고 좀 더 성장한 모습'이 떠오르지 않나요?

이제 여러분은 이번 장에서 목표가 무슨 의미인지, 목표를 정하는 것이 얼마나 중요한지, 어떻게 목표를 정해야 하는지, 목표를 달성하려면 어떻게 계획하고 실천해야 하는지, 목표를 달성하고 나서 무엇을 해야 하는지 등을 배울 거예요.

다음과 같이 큰 소리로 외쳐 보세요

"난 이번 장에서도 많은 것을 배우고 익힐 거야!"

왜 목표를 정해야 할까?

목표는 실천을 통해 이루고자 하는 계획이라고 할 수 있어요. 훌륭한 성과를 내는 사람들(운동선수, 연예인, 사업가, 의사, 법률가, 학자 등등)의 공통점은 이루고자 하는 목표가 명확하다는 거예요.

그럼 이들은 왜 목표를 정할까요? 여러분은 왜 목표를 정해야 할까요? 그 이유는 다음과 같아요.

- **목표는 책임감을 키워요**

명확한 목표를 정한다면 그 목표를 달성하는 데 필요한 일을 책임 있게 하도록 해요. 특히 자신이 지닌 목표를 다른 사람들에게 알리면 알릴수록 그 책임감은 커져요.

- **목표는 해야 할 일에 집중하도록 해요**

명확한 목표를 지닌다면 그 목표를 달성하는 데 필요한 일에 더욱 집중할 수 있어요.

- **목표는 의욕과 동기가 생기도록 해요**

명확한 목표가 있다면 그 목표는 목표 달성에 필요한 일을 하도록 의욕이나 동기를 불러일으켜요.

- **목표는 지금보다 더 나은 사람이 되도록 해요**

목표를 달성하기 위해 노력하면 할수록 배움과 성장이 빨라져요.

목표를 달성하는 데 걸리는 시간은 어떤 목표인가에 따라 다를 수 있어요. 다음 두 가지 목표를 잘 살펴보세요.

① 나는 곱셈과 나눗셈을 완전히 익힐 거야 (단기적인 목표)
② 나는 수학자가 될 거야 (장기적인 목표)

이 두 가지 목표의 차이점은 무엇일까요?

목표를 달성하는 데 걸리는 시간의 차이예요. 곱셈과 나눗셈을 익히는 것은 짧은 시간으로 가능하지만, 수학자가 되는 건 오랜 시간이 필요하다는 거예요. 따라서 짧은 시간만으로 가능한 단기적인 목표를 달성하기 위해서는 빠르고 집중적인 실천을 해야 하고, 오랜 시간이 필요한 장기적인 목표를 달성하기 위해서는 느긋하면서도 지속해서 실천해야 해요.

아무도 목표를 정하지 않고 산다면 어떨까?

세상 사람 모두가 목표를 정하지 않았다고 가정해 보세요. 사람들 모두가 목표를 정하지 않고 살아간다면 이 세상은 어떻게 될까요? 여러분의 생각을 자유롭게 적어 보세요.

목표 수레바퀴 채우기

다음 수레바퀴에는 살아가는 데 필요한 여섯 가지의 영역이 표시되어 있어요. 각각의 영역에 해당하는 여러분의 목표를 수레바퀴 안에 적어 보세요. 그다음 이러한 목표를 이루기 위해 어떻게 할지 생각해 보세요.

(예시) 집 → 내 방을 깨끗이 할 거야. / 친구 → 사이좋게 지낼 거야. / 학교 → 수업 시간에 집중할 거야. / 재능 → 리코더를 능숙하게 연주할 거야.

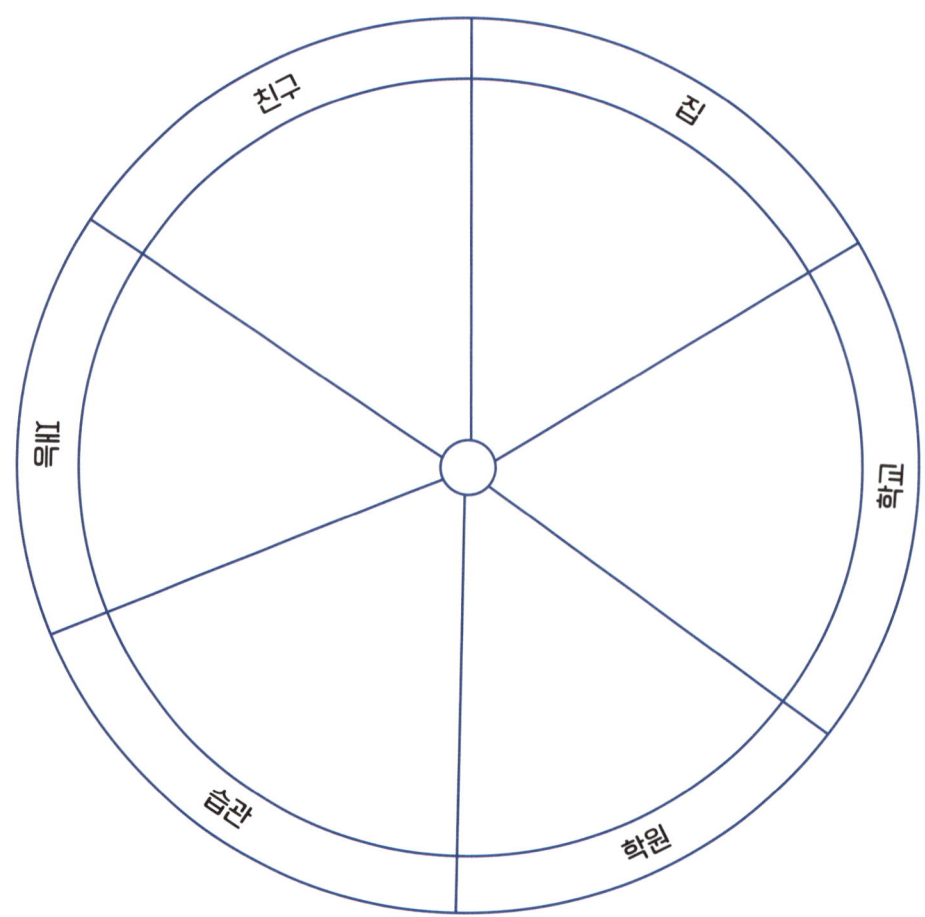

목표를 달성한 나의 모습은 얼마나 멋질까?

여러분이 바라던 목표를 달성했다고 상상해 보세요. 자신의 모습이 어떻게 보이나요? 목표 달성을 축하해 주는 사람은 누구인가요?

목표를 달성하는 것은 매우 보람 있는 일이에요. 이것은 꾸준한 노력의 결과이기 때문에 당연히 축하받을 일이기도 해요. 만약 여러분이 목표를 이루기 위해 노력하다가 좌절감을 느낀다면, 목표를 달성한 자신의 모습을 떠올려 보세요. 긍정적인 상상은 여러분에게 큰 힘을 줄 거예요.

자신의 강점과 약점을 아는 것은 성장에 도움이 될 수 있어요. 그리고 목표를 정할 때는 자신의 강점에만 초점을 두지 말고 약점을 개선하는 데도 초점을 둘 필요가 있어요. 만약 자신의 강점에 관한 목표만 정한다면 약점이 지닌 잠재력, 즉 약점이 개선되었을 때 생기는 새로운 강점을 놓칠 수도 있어요. 그러므로 목표를 정할 때는 자신의 강점에 관한 목표와 약점에 관한 목표, 둘 다 고려해야 해요. 여러분의 성장을 한두 가지 길로 제한할 필요는 없어요. 분명히 여러분은 성장을 위한 무궁무진한 잠재력을 지니고 있으니까요. 그렇지 않은가요?

아주 간단한 문제를 하나 낼게요. '영수'와 '철수'가 하는 말을 잘 살펴보고 누구를 응원할지 결정해 보세요.

영수: 리코더 연주에 자신이 있어. 리코더로 새로운 곡을 연습할 거야. 하지만 피아노 연주는 어려워. 피아노로 새로운 곡을 연습하면서 시간을 낭비하진 않을 거야.

철수: 리코더 연주에 자신이 있어. 리코더로 새로운 곡을 연습할 거야. 하지만 피아노 연주는 어려워. 그래도 피아노로 새로운 곡을 연습할 거야. 새로운 기분을 느낄 수 있을 거야. 여러 가지 목표를 정하고 새로운 경험을 하는 것은 시간 낭비가 아니라 나의 성장에 도움이 돼.

시각화 연습하기

　시각화는 어떤 상황이나 장면을 머릿속으로 그려 보는 일이에요. 만약 어려운 목표를 달성한 나의 모습을 상상했다면 자신의 모습을 시각화한 거예요. 이러한 시각화는 여러분에게 어떤 목표를 달성하는 데 필요한 의욕이나 동기를 불러일으켜요.
　다음과 같이 차례대로 시각화 연습을 해 보세요.

① 숨을 크게 들이쉬고 내쉬면서 몸과 마음을 평온하게 하세요.

② 자신 앞에 아름다운 산이 있다고 상상해 보세요.

③ 좋아하는 꽃의 색깔을 머릿속으로 그려 보세요.

④ 자신이 지닌 목표를 떠올려 보세요.

⑤ 자신의 목표가 산꼭대기에 걸려 있다고 상상해 보세요.

⑥ 목표에 도달하기 위해 자신이 산을 오르고 있다고 상상해 보세요.

⑦ 산꼭대기에 걸려 있는 목표에 가까워질수록 기분이 어떨지 상상해 보세요.

⑧ 산꼭대기에 도달한 모습을 머릿속으로 그려 보세요.

⑨ 큰 소리로 "나는 목표에 도달했어"라고 말해 보세요.

⑩ 목표에 도달한 순간에 느끼는 기쁨을 즐겨 보세요.

목표에 도달한 나의 모습 그리기

자신이 바라던 목표를 달성했다고 가정해 보세요.
목표 달성으로 기쁨과 행복감이 가득한 내 모습을 그려 보세요.

목표 달성을 위한 사전 질문과 단계 밟기

목표를 정할 때는 누구나 자신하진 않아요. '과연 내가 목표를 달성할 수 있을까?', 이런 의구심이 먼저 들기 마련이죠. 이럴 때 여러분이 이미 가지고 있는 지식이나 기술, 재능을 떠올리고 앞으로 무엇을 해야 할지를 결정한다면 한결 마음이 편안해져요.

목표를 달성한다는 건 그렇게 어려운 일만은 아니에요. 목표를 달성하는 데 필요한 것을 조금씩 조금씩 배우고 익히다 보면 어느새 목표에 도달한 자기 자신을 발견할 수 있을 거예요.

▶ **자신에게 다음과 같이 질문해 보세요.**

- 내가 바라는 목표는 무엇인가?
- 나는 목표 달성에 도움이 되는 지식과 기술을 가지고 있는가?
- 나는 목표 달성에 도움이 되는 일을 실천하고 있는가?
- 목표를 달성하기 위해서 무엇을 새롭게 배워야 할까?
- 새로운 것을 배우기 위해서는 어떤 방법이 좋을까?
- 새로운 것을 배우는 데 어떤 요소를 활용하면 좋을까?
- 새로운 것을 배울 때 누구의 도움을 받는 게 좋을까?

이 질문의 답을 찾는 건 여러분이 목표에 도달하는 방법을 알아가는 데 도움을 주어요. 만약 목표에 도달하는 길을 명확히 찾는다면 목표를 향한 여러분의 의지나 동기는 훨씬 커지게 돼요. 하지만 도달할 방법이 없는 목표를 가지고 있다면 어두운 터널에 갇힌 듯한 기분을 느낄지도 몰라요.

누구나 바라는 목표를 한꺼번에 달성할 수는 없어요. 목표에 도달하기 위해서는 몇 가지 단계를 차근차근 밟아야 해요. 이러한 단계를 밟고 가다 보면 어느새 목표에 도달하게 돼요.

이정표를 세우세요. 이정표는 최종 목표에 도달하기 위해 거쳐야 할 중간 목표라고 할 수 있어요. 여러분이 이정표를 통과할 때마다 최종 목표에 얼마나 가까이 왔는지 알 수 있어요. 만약 여러분이 주말까지 네 편의 시(①, ②, ③, ④)를 외우기로 했다면 다음과 같이 이정표를 세울 수 있어요.

▶ 목표에 도달하기 위한 단계 밟기

- 〈이정표 1〉 시 ① 외우기
- 〈이정표 2〉 시 ①, ② 외우기
- 〈이정표 3〉 시 ①, ②, ③ 외우기
- 〈최종 목표〉 시 ①, ②, ③, ④ 외우기

이정표를 달성하는 데 필요한 행동 목록을 만드세요. 예를 들면 외워야 할 시 고르기, 소리 내어 시 읽기, 공책에 시 적어 보기, 눈 감고 시 읽기, 거울 앞에 서서 시 읽기, 잠자기 전에 시 읽기, 하루에 다섯 번 시 읽기 등등.

이정표를 달성하는 데 필요한 시간을 정하세요. 예를 들면 화요일까지 〈이정표 1〉 달성하기, 수요일까지 〈이정표 2〉 달성하기 등등.

목표에 도달하는 발자국 완성하기

다음 다섯 가지 물음에 대한 답을 적고 발자국 안에 나눠서 적어보세요.

1. 지금 자신이 바라는 목표를 적어 보세요.

   ✏️ _____

2. 목표 달성을 위해 자신이 가진 지식이나 기술을 적어 보세요.

   ✏️ _____

3. 목표를 달성하기 위해 무엇을 배워야 하는지 적어 보세요.

   ✏️ _____

4. 어떤 방법으로 새로운 것을 배울지 적어 보세요.

   ✏️ _____
   _____

5. 목표 달성에 도달하기까지 어떤 이정표(중간 목표)를 세울지 세 가지만 적어 보세요.

- 이정표 1

- 이정표 2

- 이정표 3
  ----

6. 발바닥 안에는 최종 목표를 적고 발가락에 나눠 세부 목표를 써보세요.

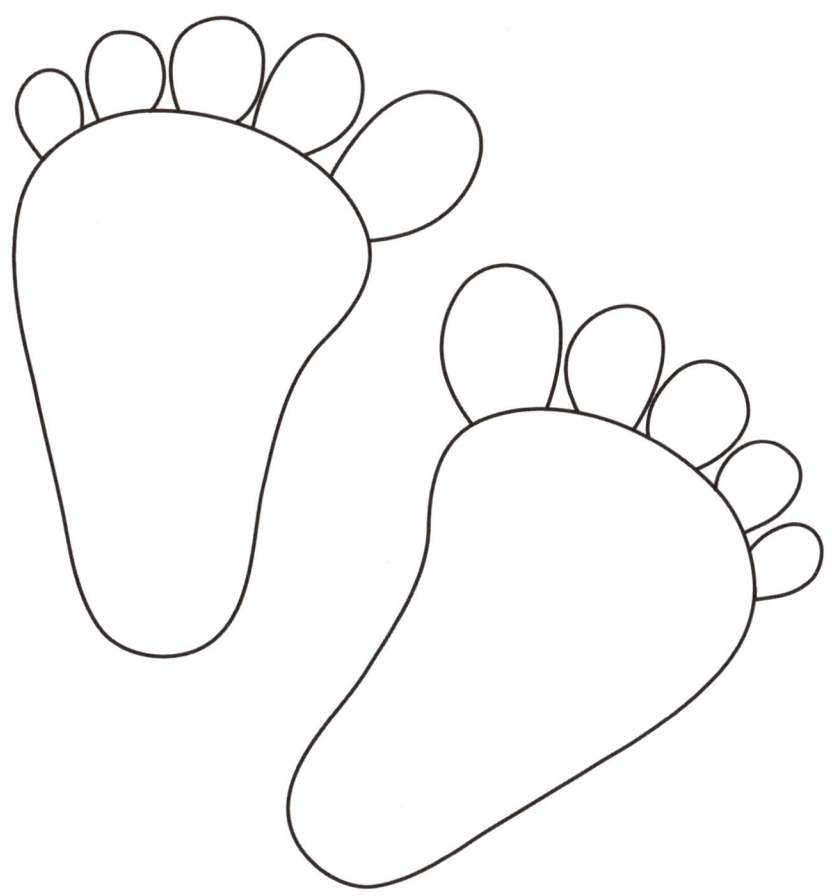

순서가 거꾸로 된 이정표 세우기

목표를 달성하기 위한 이정표를 세울 때는 그 순서를 거꾸로 할 수도 있어요. 목표에 이르는 길을 거꾸로(도착점에서 출발점까지) 해서 이정표를 그리는 방법이에요. 이 방법은 거꾸로 해보는 재미도 있고 목표 달성에 더 도움이 될 수도 있어요. 다음은 이정표를 거꾸로 세운 방법이에요.

- 최종 목표: 학예회에서 멋지게 춤을 추면서 노래 부르기
- 이정표 4: 춤을 추면서 노래 부르는 연습 반복하기
- 이정표 3: 노래와 어울리는 춤동작 만들기
- 이정표 2: 노래 가사 외우기
- 이정표 1: 부를 노래 정하기

이제 자신의 최종 목표를 정하고 순서를 거꾸로 해서 이정표를 세워 보세요.

- 〈최종 목표〉

- 〈이정표 4〉

- 〈이정표 3〉

- 〈이정표 2〉

- 〈이정표 1〉

목표 달성은 끝이 아니라 또 다른 시작

여러분이 바라던 목표를 달성했다고 생각해 보세요. 이제 무엇을 해야 할까요?

먼저 목표를 달성한 자기 자신에게 축하의 말을 해야 해요. 목표를 이루기 위해 노력하고 달성한 사람은 축하받을 자격이 충분해요. 축하의 의미로 맛있는 음식 먹기, 가장 좋아하는 놀이 하기, 재미있는 영화 보기 등을 해도 좋아요.

그다음에는 새로운 목표를 정해야 해요. 하나의 목표를 달성했다는 것은 끝났다는 의미가 아니라 더 나은 발전을 위한 새로운 시작을 뜻하기 때문이에요. 무한한 발전 가능성을 지닌 여러분은 새로운 목표를 정하고 나아가야 해요. 목표가 크든 작든 여러분이 그 목표를 이룰 때마다 한층 성장한다는 것을 꼭 기억하세요.

▶ 새로운 목표를 정하는 데 도움되는 몇 가지 물음

- 나는 목표를 달성하는 데 많은 시간과 노력을 들였어. 그동안 배운 것은 무엇이고 어떤 의미일까?
- 나는 무엇을 새롭게 배우면 좋을까?
- 내가 무엇을 하면 더 자랑스러워질까?
- 내가 무엇을 하면 더 성장할까?
- 나는 새로운 목표로 어떤 걸 정할까?
- 새로운 목표를 달성하려면 어떤 노력을 해야 할까?
- 새로운 목표를 정한 나 자신이 대견스러운가?

목표를 달성하고 나서 새로운 목표를 정할 때 자기 자신에게 다음과 같이 물어보세요. 새로운 목표를 정하는 데 도움이 되는 방법이에요.

☺ 앞으로는 이렇게 할 거야

– 달성하고 싶은 목표가 있다면

"목표를 달성하기 위해 무엇을 해야 할지 곰곰이 생각할 거야. 그리고 여러 개의 이정표를 세우고 하나씩 하나씩 이정표에 다가갈 거야. 목표를 한꺼번에 달성하겠다는 마음은 좋지 않아."

거울에 비친 나를 칭찬하기

달성한 목표를 생각하면서 거울을 보세요. 자랑스러운 자신의 모습이 비칠 거예요. 얼굴에 미소가 절로 번지지 않나요?

다음 거울 그림 안에 자신을 칭찬하는 말 다섯 가지를 적어 보세요.

(예시) 나는 매일 30분씩 리코더를 연습한 결과 학예회에서 멋진 연주를 해냈어. 이런 나를 칭찬하고 싶어.

달성한 목표보다 더 큰 목표 정하기

자신이 달성한 목표보다 더 크고 새로운 목표를 정해 보기로 해요.

1. 달성한 목표를 구체적으로 적어 보세요.

　✏️
　--
　--
　--

2. 달성한 목표보다 더 크고 새로운 목표(또는 앞으로 꼭 하고 싶은 일)를 세 가지 적어 보세요.

　✏️
　--
　✏️
　--
　✏️
　--

3. 앞에 적은 세 가지 목표 중에서 하나를 골라 최종 목표로 삼고 계획을 적어 보세요.

✎

----

4. 최종 목표를 달성하는 데 도움이 될 이정표를 세 가지 세우세요.

✎

✎

✎

CHAPTER 6

멈추지 말고 계속 나아가기!

성장형 사고방식을 기르기 위해 지금까지 노력해 온 여러분을 칭찬하고 싶어요. 정말 수고가 많았어요.

마지막 장에서는 '어떻게 하면 더욱더 분발하고 힘을 낼 수 있는지', '어떻게 하면 목표를 달성하려는 의지를 유지할 수 있는지', '긍정적으로 생각하는 것이 얼마나 큰 힘이 될 수 있는지', '문제를 해결하기 위해 도움을 요청하거나 질문을 하는 것이 얼마나 중요한지', '어떻게 하면 호기심을 유지할 수 있는지' 등을 배울 거예요.

다음과 같이 큰 소리로 외쳐 보세요.

"난 새로운 목표를 향해 멈추지 않고 계속 나아갈 거야!"

난 할 수 있어!

　사람은 누구나 격려의 말을 들으면 용기와 힘을 내기 마련이에요. 여러분도 마찬가지예요. 마음만 먹으면 여러분은 어떤 힘든 일도 해낼 수 있어요. 더욱이 힘든 일은 여러분을 한층 성장하게도 하죠.
　여러분이 도전적이고 힘든 일을 헤쳐나가면 나갈수록 마음의 힘(인내심, 결단력, 자신감, 용기 등)이 강해져요. 도전적이고 힘든 일이 여러분 마음의 힘을 강하게 키우는 기회를 주는 거죠.

　여러분은 어려운 일이 좋은 기회가 된다는 것을 알면서도 그 일을 포기하고 싶은 마음이 들기도 할 거예요. 하지만 걱정하지 마세요. 어려운 일을 하다 보면 이런 마음이 생기는 건 어른도 마찬가지이니까요.

　이런 부정적인 마음이 들더라도 거기에 휘둘리지 않고 지혜롭게 대처하는 게 무엇보다 중요해요. 할 수 없다는 부정적인 마음에 사로잡히지 말고, 할 수 있다는 긍정적인 마음에 집중하는 거죠. 부정적인 마음이 생길 때 '마음의 채널'을 얼른 긍정적인 마음으로 돌리세요.

사람은 누구나 자기 자신을 격려해야 할 때가 있어요. 스스로 자신에게 격려가 필요할 때 다음과 같이 해 보세요.

▶ 자기 자신을 격려하고 힘을 얻는 방법

- 자신이 잘한 일이나 성취한 일을 생각나는 대로 적고 큰 소리로 읽어 보세요.
- 호의적인 친구나 가족과 함께 시간을 보내세요. 이들의 따뜻한 눈빛이나 격려의 말은 큰 힘이 돼요.
- 자신의 성취와 발전을 축하하세요. 여러분은 지금까지 많은 것을 성취했어요. 누구도 여러분의 성취와 발전을 막을 수 없어요.
- 자신의 뇌에 고마움을 가지세요. 어려운 일과 만나면 뇌는 즉각 움직일 준비를 하며 도와주니까요.
- 자기 자신에게 좋은 친구가 되세요. 친구에게 말하듯이 스스로에게 친절하고 긍정적인 말을 하세요.
- 행복감을 느끼게 하는 음악을 들으세요. 행복감을 느끼게 하는 음악은 뇌에 활력을 불어넣어 주니까요.

자기 자신에게 격려의 편지 쓰기

성장형 사고방식을 지닌 사람은 어떤 어려움이 닥치더라도 이에 굴하지 않고 자기 자신을 격려하면서 나아갈 수 있어요. 성장형 사고방식을 키워가는 여러분도 마찬가지예요. 혹시라도 어려움이나 좌절감을 느끼면 자기 자신에게 격려의 편지를 써 보세요. 마음에서 힘이 솟아날 거예요.

- 소중하고 사랑스러운 나에게

왜 나는 멋진 아이일까?

"절대로 포기하지 마세요!" 여러분은 이미 충분히 멋진 사람이라는 걸 잊지 마세요.

다음 칸에 자신이 멋진 사람인 이유를 적어 보세요. 그리고 좌절감을 느낄 때마다 이것을 큰 소리로 읽으세요.

나는 멋진 사람이야. 왜냐하면,

긍정적인 생각 키우기

사람이라면 누구나 뭔가를 생각하기 마련이에요. 눈을 감고 여러분 자신의 가장 좋은 면을 떠올려 보세요. 그리고 긍정적인 혼잣말을 해보세요.

- "난 정말 멋진 아이야."
- "난 친절한 아이야."
- "난 잘할 수 있어."
- "난 친구들의 사랑을 받고 있어."

긍정적인 혼잣말은 자기 자신을 존중하고 격려하는 마음이 담긴 말이에요. 여러분이 긍정적인 생각을 하면 좋은 점이 몇 가지 있어요.

- 모든 일에 임하는 태도를 개선할 수 있어요.
- 자신감을 키울 수 있어요.
- 자기 자신을 사랑할 수 있어요.
- 스트레스를 줄일 수 있어요.
- 주어진 문제를 해결하는 데 도움이 될 수 있어요.

다시 강조하지만 긍정적인 말이나 생각은 엄청난 힘이 될 수 있어요. 만약 중요한 시험을 앞두고 걱정이나 긴장을 하고 있다면, 다음과 같이 말해 보세요.

"나는 지금까지 시험 준비를 잘해 왔어."
"최선을 다하면 좋은 결과가 있을 거야."

이러한 긍정적인 말은 걱정이나 긴장을 덜어 주고, 잘할 수 있다는 확신을 불러일으켜요. 지금 당장 자신의 머릿속을 긍정적인 생각으로 가득 채워도 좋고, 긍정적인 혼잣말을 흥얼거려도 좋아요.

🚩 **긍정적인 말이나 생각으로 큰 힘을 얻는 방법**

- 긍정적인 생각이 떠오를 때마다 노트에 그 생각을 적으세요.
- 노트에 기록된 긍정적인 생각을 하나씩 골라서 스티커 메모지에 적으세요.
- 긍정적인 생각이 적힌 스티커 메모지를 잘 보이는 곳에 붙이세요.
- 스티커 메모지를 볼 때마다 거기에 적힌 긍정적인 생각을 소리 내어 읽으세요.

☺ 앞으로는 이렇게 할 거야

- 좌절감이 들 때면

"누구라도 힘든 일을 만나면 좌절감이 들 거야. 나도 지금 좌절감을 느끼고 있어. 하지만 좌절감에 사로잡히진 않을 거야. 힘든 일이어도 계속 노력하다 보면 충분히 해낼 수 있어. 난 할 수 있어!"

스트레칭을 하면서 긍정적인 혼잣말 하기

다음에 나오는 다섯 가지 스트레칭 동작을 따라 하면서, 각각의 동작에 어울리는 혼잣말을 반복하세요. 몸과 마음이 훨씬 차분해질 거예요.

〈비행기 동작〉

1. 한 발로 선 채로
2. 몸을 앞으로 숙이고
3. 양팔을 수평으로 벌리고
4. 몸 전체의 균형을 유지하세요.

반복할 긍정적인 혼잣말
→ "나는 아주 높은 곳으로 날아오를 수 있어."

〈나무 동작〉

1. 양발을 모으고 똑바로 선 채로
2. 양팔을 위로 들고
3. 한쪽 무릎을 굽혀서 한 발을 다른 쪽 무릎에 얹고
4. 몸 전체의 균형을 유지하세요.

반복할 긍정적인 혼잣말
→ "나는 나무처럼 강할 수 있어."

〈별 동작〉

1. 양발을 벌리고 똑바로 선 채로
2. 양팔을 옆으로 쭉 뻗고
3. 몸 전체의 균형을 유지하세요.

반복할 긍정적인 혼잣말
→ "나는 밝고 빛나는 별이야."

〈행복한 아기 동작〉

1. 등을 대고 누운 채로
2. 양쪽 무릎을 배 쪽으로 당기고
3. 양손으로 양발을 잡으세요.

반복할 긍정적인 혼잣말
→ "나는 행복해."

〈나비 동작〉

1. 등을 곧게 펴고 바닥에 앉은 채로
2. 양발을 모아서 몸쪽으로 당기고
3. 몸 전체의 균형을 유지하세요.

반복할 긍정적인 혼잣말
→ "나는 더 나은 모습으로 변화하고 있어."

나만의 좌우명 정하기

좌우명이란 자기 인생에서 지켜야 할 가르침으로 삼는 말이나 문구라고 할 수 있어요. 마음이 흐트러지거나 힘들어서 포기하고 싶을 때, 좌우명을 떠올리면 마음을 한곳에 모으거나 굳게 다짐할 수 있어요.

다음 네모 칸에 자신의 좌우명을 다섯 가지 적어 보세요. 좌우명을 만들기가 어려우면 다른 사람의 좌우명을 빌려 와도 괜찮아요.

(예시)
- 땀 흘린 만큼 내게 돌아온다.
- 끝없이 노력하고 끝없이 인내하자.
- 쓸모 있는 사람이 되자.

1. 메모지를 준비하세요.

2. 자신이 정한 좌우명을 메모지에 옮겨 적고, 잘 보이는 곳에 붙이세요.

3. 메모지를 볼 때마다 좌우명을 큰 소리로 읽으세요.

질문과 도움 요청은
부끄럽거나 두렵지 않아!

여러분이 누군가의 도움을 받고 싶었던 때를 떠올려 보세요. 그때 기분은 어땠나요? 도움을 받고 싶었던 사람에게 도움을 요청했나요?

누군가에게 도움을 요청하는 것은 너무나도 자연스럽고 중요한 일이에요. 몇몇 사람들은 누군가에게 도움을 요청하는 것이 자신의 자존감을 떨어뜨리는 일이라고 생각하기도 해요. 하지만 도움을 요청하는 것은 자존감을 떨어뜨리는 일이 절대 아니에요.

도움을 요청하는 것은 자신을 위한 용기 있는 일이에요. 앞의 제3장에서 살펴보았듯이 성장형 사고방식을 지닌 사람에게 도움을 요청하는 것은 문제 해결의 열쇠이기 때문이에요.

그런데 여러분이 누군가에게 도움을 요청할 때 생각해야 할 점이 있어요. 다음 몇 가지를 꼭 마음에 새겨 두어야 해요.

- 도움을 요청하기 전에 내가 얼마만큼의 노력을 했는지 확인해야 해요.
- 배우고 성장하는 데 필요한 '힘든 일'을 피하려고 도움을 요청해선 안 돼요.
- 누구에게 도움을 요청할지 결정하세요.
- 도움을 요청한 사람에게 내가 앞으로 무엇을 하려고 하는지와 지금까지 어떤 노력을 했는지 자세히 말하세요. 그리고 어떤 도움이 필요한지 정확히 말하세요.
- 누군가의 도움을 받았다면 진심으로 감사의 마음을 가지세요.

도움 요청과 같은 차원에서 질문하는 것도 중요해요.

여러분은 수업 시간에 궁금증을 풀기 위해 선생님에게 질문해 본 적이 있나요? 질문해서 궁금증을 풀었을 때 기분은 어땠나요? 혹시 질문하지 않아서 궁금증을 풀지 못했다면 그때의 기분은 어땠나요? 사실 질문하는 것은 여러분이 배우고 성장하는 데 큰 도움을 줄 수 있어요. 최선의 질문이 최선의 학습을 낳을 수 있으니까요.

▶ 질문할 때 생각할 점

- 질문하는 목적을 분명히 알아야 해요. 왜 내가 이 질문을 할까? 내가 꼭 듣고 싶은 대답은 뭘까?
- 누구에게 질문할지 결정하세요. 누가 나의 궁금증을 풀어줄 수 있을까?
- 알고 싶은 것과 관련된 여러 가지 질문을 하세요. 여러 가지 질문을 하면 여러 가지 대답을 얻을 수 있어요.
- 구체적으로 질문하세요. 구체적으로 질문하면 상대방에게 내가 알고 싶어 하는 것을 정확히 알려줄 수 있어요.
- 상대방의 대답을 주의 깊게 들으세요.

궁금증을 풀기 위해 누군가에게 질문할 때, 위와 같은 점을 고려하면 훨씬 더 좋은 대답을 얻을 수 있어요.

☺ 앞으로는 이렇게 할 거야

– 궁금한 점이 생기면

"지금까지 나는 수업 시간에 궁금한 점이 생겨도 손을 들고 선생님에게 질문하지 못했어. 솔직히 질문하고 싶어도 쑥스러워서 손을 들 수가 없었어. 수업 시간이 끝나면 질문하지 못해 꼭 후회하곤 했어. 내가 바보처럼 느껴지기도 했어. 하지만 앞으로는 달라질 거야. 궁금한 점이 생기면 당당하게 손을 들고 질문할 거야. 그 이유는 최선의 질문이 최선의 학습이라는 걸 알았기 때문이야."

누가 나를 도와줄 수 있을까?

　다음 표에 나온 각 분야에서 자신을 도와줄 수 있는 사람을 찾아 모두 적어 보세요. 각 분야에서 재능이나 지식이 많은 사람을 떠올리면 쉽게 적을 수 있어요.

수학	
스포츠	
친구 관계	
예술 (음악, 미술, 무용, 연극)	
과학	
독서	
글쓰기	

성장형 사고방식	
병원	
학교	
경찰서	
보건소	

내가 꼭 알고 싶은 것은 무엇일까?

사람이라면 누구나 꼭 알고 싶은 게 있어요. 자신이 꼭 알고 싶은 것을 아래에 적어보세요.

예시) 하늘은 왜 파란색일까?

성장의 기초, 호기심 불러일으키기

호기심은 사람의 성장에 필요한 지식과 배움의 기초라고 할 수 있어요. 여러분이 호기심을 갖는 순간부터 여러분 주변에는 탐구하고 배워야 할 것이 너무나 많다는 걸 깨닫게 될 거예요.

호기심을 불러일으키는 방법에는 여러 가지가 있어요. 다음 몇 가지를 꼭 실천해 보세요.

- 많은 책을 읽으세요

    독서는 호기심을 불러일으킬 뿐만 아니라 다양한 지식과 정보를 얻는 좋은 방법이에요. 여러분은 책을 통해 특정한 인물의 업적, 인상적인 사건, 삶의 교훈, 유용한 지식과 정보 등을 탐구할 수 있어요. 훌륭한 사람들 대부분은 독서를 즐겨 했어요.

- 주변 사람들에게 관심을 가지세요

    주변 사람들에게 관심을 가지면, 이들에 대해 알고 싶은 호기심(어떤 생각을 할까? 무엇을 좋아할까? 어떤 경험을 했을까? 누구를 존경할까?) 등이 생기기 마련이에요. 이러한 호기심은 주변 사람들과의 관계를 친밀하게 해줄 수도 있어요.

- 무언가를 탐구하세요

    무언가를 탐구하면, 호기심은 끊임없이 자라나요.

- 실수를 겁내지 마세요

    실수할까 봐 걱정하거나 실수해서 바보처럼 보일까 봐 겁을 내면, 새로운 것에 대한 호기심과 배우고자 하는 열정을 사라지게 해요. 다른 사람들은 여러분의 실수보다 노력을 더 오래 기억해요.

- 새로운 일이나 경험을 시도하세요

    익숙하지 않은 일이나 경험(새로운 놀이, 주변에서 보기 어려운 식물 조사, 새로운 방법의 라면 끓이기, 밤하늘의 별 관찰 등)을 시도하면 할수록 뇌가 왕성하게 활동하면서 호기심을 불러일으켜요.

- 신기한 발명품을 살펴보세요

    신기하고 흥미진진한 발명품을 살펴보면, 발명 아이디어에 대한 호기심이 생겨나요. 모든 발명품 또는 기발한 아이디어는 호기심에서 나온 거예요.

- 생각에 잠겨 보세요

    눈을 감고 곰곰이 생각에 잠기면, 자신도 모르는 사이에 뭔가를 알고 싶은 호기심이 스멀스멀 생겨날 거예요. 그 생각을 따라가 보세요.

- 주변에서 일어나는 일에 관심을 가지세요

    주변에서 일어나는 일에 관심을 가지면, 그 일이 호기심을 자극하고 나아가 자신의 성장에 도움을 줘요.

- 박물관이나 동물원 또는 수족관에 가세요

    이곳들은 호기심을 불러일으키는 좋은 장소예요. 뭔가를 배우거나 알고 싶은 마음이 생기지 않고 따분함이 느껴질 때 이곳들을 찾아가 보세요.

- 어린아이처럼 끊임없이 즐겁게 상상하세요

    호기심은 상상에서 비롯된다는 걸 꼭 기억하세요.

내가 꼭 하고 싶은 일은 무엇일까?

사람이라면 누구나 하고 싶은 일이 있어요.

다음 뇌 그림 안에 자신이 꼭 하고 싶은 일을 모두 적어 보세요. 자신이 하고 싶은 일을 자꾸 되뇌다 보면 실제로 그 일을 할 수 있게 돼요. 긍정적이고 희망적인 생각을 멈추지 마세요.

스스로 문제를 찾고 답해보기

여러분이 궁금해하는 주제와 질문을 적어 보세요. 그리고 책이나 인터넷의 정보를 활용해서 스스로 답을 해보도록 해요. 누군가의 도움 없이도 스스로 답을 찾을 수 있어요.

1. 내가 잘 모르는 궁금한 질문 3가지를 적어 보세요.

✏️

✏️

✏️
----

2. 질문에 해당하는 답을 찾은 것을 적어 보세요.

✏️

✏️

✏️
----

3. 질문에 대한 답을 찾으며 어려웠던 점 3가지를 적어 보세요.

✎ --

✎ --

✎ --

4. 스스로 질문과 답을 얻고 나서의 소감을 3가지 적어 보세요.

✎ --

✎ --

✎ --

정말로 내 사고방식은 성장형으로 변했을까?

지금까지 여러분은 이 책을 읽으면서 성장형 사고방식을 키우려고 노력해 왔어요.

그럼 여러분의 사고방식이 얼마만큼 성장형에 가까워졌는지 살펴보기로 해요. 여러분은 다음 질문지를 통해 자신의 사고방식이 성장형에 가까워졌는지 아닌지를 알 수 있어요.

질문지에는 각각의 상황에 대해 두 가지 응답('가'와 '나')이 나와 있어요. 상황을 읽고 자신에게 해당하는 응답 하나를 선택하세요.

주어진 상황	응답 '가' (아래와 같이 말할 것 같아)	응답 '나' (아래와 같이 말할 것 같아)
모형 비행기를 만들려고 노력했지만 실패했을 때	나는 역시 손재주가 없나 봐. 그만둘 거야.	나는 모형 비행기를 잘 만들 줄 아는 사람에게 도움을 요청할 거야.
선생님으로부터 다음과 같은 충고를 들었을 때 "너는 수학 시간에 집중하지 않고 잡담을 많이 했어. 자꾸 그러면 수학 성적이 떨어질 수밖에 없어."	나는 선생님의 충고를 무시할 거야. 선생님은 나를 싫어할 뿐이야.	나는 선생님의 충고를 고맙게 받아들일 거야. 앞으로 수학 시간에 잡담하지 않고 집중할 거야.

친구와의 중요한 약속을 어겼을 때	나는 친구를 배려하는 마음이 부족해서 다음에도 약속을 어길 것 같아. 가능한 한 누구와도 약속하지 않을 거야.	내가 친구를 배려하는 마음을 키우고 약속의 중요성을 깨달으면, 약속을 어기는 일은 없을 거야.
연극 발표회에서 주인공 역을 맡지 못했을 때	나는 연극 발표회에 참가하지 않을 거야. 보조 역은 시간 낭비일 뿐이야.	내가 주인공 역을 맡든 보조 역을 맡든 상관없어. 연극 발표회에 참가하는 것만으로도 자랑스럽고 만족스러워.
과학 공부를 열심히 했으나 시험에서 낮은 점수를 받았을 때	나는 과학에 재능이 없는 것 같아. 앞으로 과학 공부를 하지 않고 포기할 거야.	나는 선생님에게 도움을 요청할 거야. 분명히 선생님은 나에게 알맞은 공부 방법을 알려줄 거야.
목표로 삼았던 20초 안에 100m 달리기를 성공했을 때	와! 내가 해냈어. 이제 달리기 연습을 안 해도 되겠어.	와! 내가 정말 자랑스러워. 내일부터 18초를 목표로 해서 달리기 연습을 할 거야.
그림 그리기 대회에서 3등을 했을 때	1등을 하지 못한 내가 실망스러워. 앞으로 그림 그리기 대회에 참가하지 않을 거야.	나는 1등을 하지 못했지만 3등도 괜찮아. 좀 더 노력하면 다음엔 1등을 할 수 있을 거야.

남들이 풀 수 있는 수학 문제를 풀지 못했을 때	나는 남들보다 머리가 나쁜 것 같아. 부끄러워서 고개를 들지 못하겠어.	나는 그 문제를 풀지 못했을 뿐이지, 다른 문제는 잘 풀 수 있어. 자신감을 잃지 않을 거야.
친구들로부터 다음과 같은 말을 들었을 때 "너는 놀이할 때 규칙을 잘 지키지 않아서 너랑 놀이하기가 싫어."	친구들이 나를 따돌리려고 하는 것 같아. 나도 친구들과 놀지 않을 거야.	나는 친구들이 왜 그런 말을 했는지 이해할 것 같아. 친구들에게 사과하고, 다음부터 규칙을 어기지 않도록 노력할 거야.
좋은 행동을 했으나 선생님의 칭찬을 받지 못했을 때	이제부터 나는 좋은 행동을 하려고 노력하지 않을 거야. 선생님은 나에게 관심이 없어.	내가 선생님의 칭찬을 받지 못해도 상관없어. 나의 좋은 행동은 내가 성장하는 데 큰 도움이 될 거야.

▶ 응답 '가'를 몇 개 선택했나요? 선택한 개수가 자신의 고착형 사고방식 점수예요.

(　　/ 10)

▶ 응답 '나'를 몇 개 선택했나요? 선택한 개수가 자신의 성장형 사고방식 점수예요.

(　　/ 10)

응답 '가'보다 응답 '나'를 더 많이 선택했다면, 사고방식이 성장형에 가까워진 거예요. 그런 자신을 축하해 주세요.

응답 '나'보다 응답 '가'를 더 많이 선택했더라도 실망하진 마세요. 고착형 사고방식을 버리겠다는 의지만 갖는다면 얼마든지 성장형 사고방식을 키울 수 있으니까요.

내가 너무 자랑스러워!

지금까지 여러분은 이 책을 통해 성장형 사고방식에 관한 많은 것을 배우고 익혔어요.

거울을 보면서 자기 자신에게 흐뭇한 미소를 지어 보세요. 그리고 자신이 얼마나 자랑스러운지를 다음과 같이 표현해 보세요. 각각의 문장을 읽고 나서 큰 소리로 "내가 너무 자랑스러워!"라고 외치면 돼요.

- 나는 성장형 사고방식과 고착형 사고방식 간의 차이를 알았어. 나의 성장을 위해 성장형 사고방식을 계속 키워갈 거야.

    "내가 너무 자랑스러워!"

- 나는 실수가 배움과 성장의 기회라는 걸 깨달았어. 나는 실수했을 때의 실망감을 긍정적으로 다룰 수도 있어.

    "내가 너무 자랑스러워!"

- 나는 문제 해결을 위한 여러 가지 방법을 알았어. 나는 주변 사람들의 조언을 감사히 받아들일 수도 있게 되었어.

    "내가 너무 자랑스러워!"

- 나는 해결해야 할 문제를 만났을 때 창의적인 생각을 할 수 있게 되었어. 나는 고정관념을 깨뜨리려고도 노력하고 있어.

    "내가 너무 자랑스러워!"

- 나는 어떻게 목표를 정할지와 어떻게 그 목표를 달성하는지를 알았어. 나는 목표 달성을 위해 필요하다면 주변 사람들에게 기꺼이 도움을 요청할 거야. 나는 목표를 달성할 준비가 되어 있어.

    "내가 너무 자랑스러워!"

- 나는 어려운 상황에서도 긍정적으로 생각할 수 있게 되었어. 그리고 나는 호기심 많은 사람이 되었어.

    "내가 너무 자랑스러워!"

성장형 사고방식은 여러분의 성장을 방해하는 부정적 생각을 물리치는 강력한 힘이 될 수 있어요. 지금의 자기 자신을 자랑스럽게 여기세요.